Guida Pratica per Comprendere i Segni zodiacali

Marta Sherid

I0446371

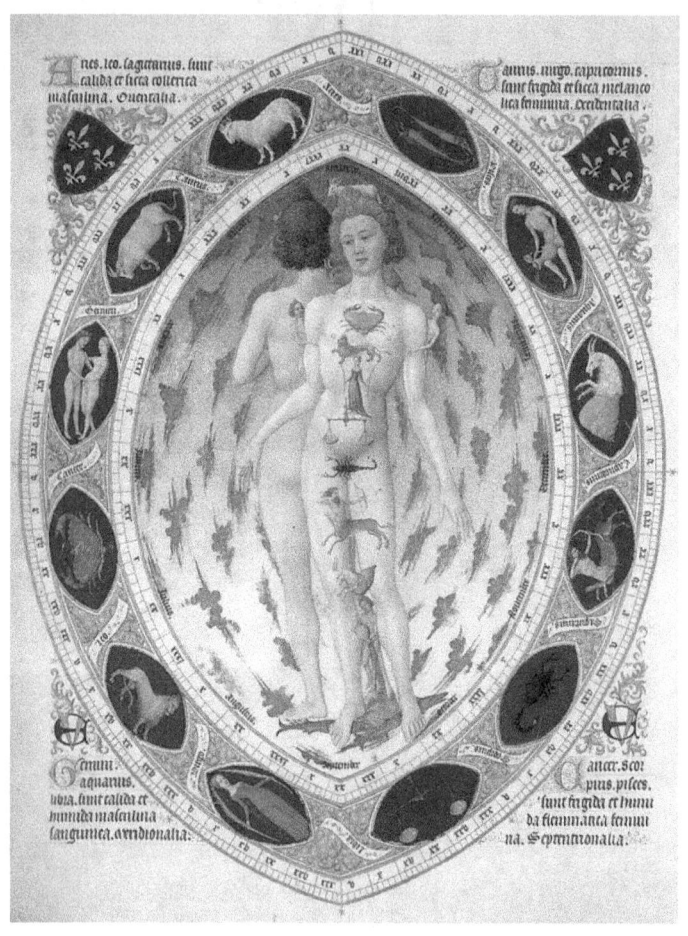

Introduzione

L'astrologia è una disciplina millenaria che studia la relazione tra i corpi celesti e gli eventi terrestri, nonché l'influenza che i pianeti, le stelle e i segni zodiacali hanno sul carattere e sul destino di una persona.

I segni zodiacali rappresentano le dodici divisioni in cui è suddiviso lo zodiaco, che è il cerchio immaginario che si forma tracciando la traiettoria apparente del sole nell'arco di un anno. Ogni segno rappresenta un periodo specifico dell'anno e ha delle caratteristiche distintive che influenzano il modo di essere e di agire delle persone nate sotto quel segno.

La storia dell'astrologia risale a migliaia di anni fa, quando le civiltà antiche iniziarono a osservare e a tracciare le posizioni e i movimenti dei corpi celesti. Fin da allora, c'è stato un costante interesse per l'astrologia e per l'interpretazione dei segni zodiacali.

L'astrologia si basa sull'idea che i corpi celesti influenzino le persone e gli eventi sulla Terra. Secondo questa disciplina, l'intero universo può essere considerato come un unico organismo, in cui ogni parte è interconnessa e in cui ogni evento è influenzato da un insieme complesso di fattori astrologici. I segni zodiacali sono una delle chiavi per comprendere e interpretare questa interconnessione.

Ogni segno zodiacale è associato a uno specifico elemento naturale e a una specifica modalità di azione. Gli elementi naturali sono terra, acqua, aria e fuoco, mentre le modalità di azione sono il cardinale, il fisso e il mutevole. Queste caratteristiche definiscono il modo in cui un segno affronta le sfide della vita e reagisce agli eventi.

Ad esempio, l'Ariete è il primo segno dello zodiaco ed è associato all'elemento fuoco e alla modalità cardinale. Le persone nate sotto questo segno sono spesso descritte come audaci, intraprendenti e d'avanguardia. Sono leader naturali e hanno un forte desiderio di successo. Al contrario, il Toro è associato all'elemento terra e alla modalità fissa. Le persone nate sotto questo segno sono spesso descritte come pazienti, pragmatiche e determinate. Sono forti e stabili nelle loro azioni e hanno una sensibilità artistica sviluppata.

Oltre agli elementi e alle modalità, ogni segno zodiacale è anche associato a un pianeta dominante. Ad esempio, il Leone è dominato dal Sole, che rappresenta il potere, la leadership e l'autorità. Le persone nate sotto questo segno spesso si trovano al centro dell'attenzione e hanno una forte presenza carismatica. Al contrario, l'Aquario è dominato da Urano, che rappresenta l'innovazione, l'originalità e la libertà. Le persone nate sotto questo segno sono spesso rivoluzionarie, creative e cercano di portare cambiamenti nel mondo.

L'astrologia offre anche una serie di strumenti, come il tema natale o carta del cielo, che consiste nella mappa del cielo al momento esatto della nascita di una persona. Questa mappa rivela la posizione dei pianeti e degli altri corpi celesti in quel momento e fornisce informazioni sul carattere e sul destino di una persona. L'interpretazione della carta natale richiede una conoscenza approfondita dell'astrologia e delle sue complesse simbologie.

Tuttavia, è importante sottolineare che l'astrologia non è una scienza esatta e non ha una base scientifica dimostrata. Molti scienziati e critici hanno messo in dubbio la validità dell'astrologia, sottolineando che non vi è alcuna prova empirica dell'influenza dei corpi celesti sulla personalità e sul destino delle persone. Tuttavia, ci sono milioni di persone in tutto il mondo che credono fermamente nell'astrologia e che trovano conforto e guida nelle previsioni e nell'interpretazione dei loro segni zodiacali.

L'astrologia è una disciplina antica che ha affascinato l'umanità per millenni. Attraverso lo studio dei corpi celesti e delle loro posizioni nel momento del nostro nascere, l'astrologia cerca di individuare i tratti distintivi della personalità e le potenzialità individuali di ognuno di noi. Un elemento centrale dell'astrologia sono i segni zodiacali, che definiscono le caratteristiche di base di ognuno di noi e influenzano i nostri comportamenti e le nostre reazioni agli eventi della vita.

I segni zodiacali sono basati sulle costellazioni che il Sole attraversa lungo la sua orbita apparente intorno alla Terra. Questa orbite è divisa in dodici settori uguali, o segni zodiacali, ognuno dei quali è associato a un periodo specifico dell'anno. I dodici segni zodiacali sono: Ariete, Toro, Gemelli, Cancro, Leone, Vergine, Bilancia, Scorpione, Sagittario, Capricorno, Acquario e Pesci.

Ogni segno zodiacale ha delle

caratteristiche distintive che lo rendono unico. Per esempio, l'Ariete è noto per la sua determinazione e la sua voglia di fare; il Toro è noto per la sua pazienza e la sua forza; i Gemelli sono noti per la loro versatilità e la loro intelligenza. Queste sono solo alcune delle caratteristiche associate ai segni zodiacali, e ognuno di noi può averne altre che si manifestano in modi diversi.

L'astrologia ha a lungo sostenuto l'esistenza di legami tra i segni zodiacali e i tratti di personalità. Ad esempio, si dice che le persone nate sotto il segno del Leone siano spesso carismatiche e sicure di sé, mentre le persone nate sotto il segno della Bilancia sono generalmente socievoli e amichevoli. Questi sono solo esempi generali, e ognuno di noi può avere combinazioni uniche di tratti di personalità che sono influenzati da altri fattori, come la posizione degli altri pianeti nel momento della nascita.

Oltre ai tratti di personalità, l'astrologia sostiene anche che i segni zodiacali influenzano la nostra vita quotidiana e le nostre relazioni. Si dice che le coppie con segni zodiacali compatibili abbiano maggiori possibilità di successo nelle loro relazioni, mentre coppie con segni zodiacali incompatibili potrebbero sperimentare più sfide. Ogni segno zodiacale ha anche una serie di punti di forza e di debolezza che possono influenzare la nostra vita, come ad esempio il modo in cui affrontiamo il lavoro, le relazioni o le situazioni di stress.

L'astrologia offre anche una serie di strumenti per comprendere meglio noi stessi e gli altri. Ad esempio, il tema natale è una mappa del cielo al momento della nascita di una persona e mostra le posizioni dei pianeti e degli altri corpi celesti nel loro movimento orbitale. Attraverso l'interpretazione di queste posizioni, è possibile ottenere informazioni dettagliate sulle caratteristiche di personalità di una persona, i suoi punti di forza e gli aspetti che potrebbero richiedere una maggiore attenzione.

Mentre alcuni possono considerare l'astrologia come una scienza esoterica o pseudoscienza, altri credono fermamente nell'influenza dei segni zodiacali sulle nostre vite. Indipendentemente dalla posizione che si prende, l'astrologia continua ad esercitare un fascino indiscusso su molte persone, offrendo una nuova prospettiva sulle dinamiche di personalità e sugli aspetti nascosti del nostro essere.

L'astrologia e i segni zodiacali sono un antico sistema di comprensione della personalità umana e dell'universo che ci circonda. I segni zodiacali offrono una ricca fonte di informazioni sulle nostre caratteristiche distintive e possono aiutarci a comprendere meglio noi stessi e gli altri. Mentre l'astrologia può essere considerata una disciplina controversa, il suo fascino e il suo impatto sulla nostra cultura e sul nostro modo di pensare rimangono innegabili.

L'astrologia rappresenta una disciplina affascinante che cerca di spiegare la relazione tra i corpi celesti e gli eventi terrestri, nonché l'influenza dei segni zodiacali sul carattere e sul destino delle persone. L'interpretazione dei segni zodiacali offre uno strumento per comprendere e analizzare la personalità, le motivazioni e le aspirazioni di una persona. Nonostante le critiche e i dubbi sulla sua validità scientifica, l'astrologia continua a suscitare interesse e a esercitare un'influenza nella vita di molte persone in tutto il mondo.

L'astrologia è una disciplina antica che studia l'influenza dei corpi celesti sui destini umani. Attraverso l'analisi dei movimenti dei pianeti e delle costellazioni, l'astrologia cerca di rivelare il destino di ognuno di noi e di fornire una guida per prendere decisioni consapevoli nella vita.

L'origine dell'astrologia risale all'antico Egitto e alla Mesopotamia, dove i sacerdoti osservavano il cielo e studiavano le correlazioni tra i fenomeni celesti e gli eventi sulla Terra. Con il trascorrere dei secoli, l'astrologia si è diffusa in tutto il mondo e si è sviluppata in varie tradizioni e sistemi interpretativi.

Uno dei fattori chiave dell'astrologia è il concetto di carta natale, che rappresenta la posizione dei pianeti nel momento della nascita di una persona. Questa carta natale, calcolata in base alla data, all'ora e al luogo di nascita, fornisce una mappa astrologica unica per ogni individuo. Ogni pianeta, segno zodiacale e casa astrologica ha un significato specifico e può influenzare diversi aspetti della personalità e del destino di una persona.

L'astrologia studia anche le relazioni tra i pianeti e i loro effetti sulle nostre vite. Ad esempio, la congiunzione tra il Sole e la Luna, chiamata Luna nuova, è considerata un momento particolarmente favorevole per iniziare nuovi progetti o per fare cambiamenti importanti nella propria vita. Allo stesso modo, gli aspetti tra i pianeti, come l'opposizione o il trigono, possono indicare sfide o opportunità che si presentano lungo il cammino di una persona.

I segni zodiacali sono un altro elemento chiave dell'astrologia. Ogni segno zodiacale ha caratteristiche e tratti specifici che influenzano la personalità e possono determinare il destino di una persona. Per esempio, il segno del Leone è noto per essere dominante, carismatico e leale, mentre il segno della Vergine è analitico, pratico e attento ai dettagli. L'interpretazione del segno zodiacale di una persona può fornire informazioni sulle sue tendenze, talenti e sfide nella vita.

Oltre ai segni zodiacali, le case astrologiche sono una parte fondamentale dell'interpretazione astrologica. Le case astrologiche rappresentano diverse aree della vita, come la famiglia, la carriera, i rapporti romantici e la salute, e indicano gli influssi planetari su quelle aree specifiche. Ad esempio, se il pianeta Marte si trova nella sesta casa, correlata alla salute e al lavoro, potrebbe indicare una grande energia e ambizione nel raggiungere gli obiettivi professionali, ma anche una maggiore propensione a stress o problemi di salute.

L'astrologia può anche essere utilizzata per fare previsioni sul futuro. Attraverso l'analisi dei transiti planetari, che rappresentano i movimenti dei pianeti nel cielo rispetto alla posizione della carta natale di una persona, gli astrologi possono interpretare gli eventi che possono verificarsi nella vita di una persona in un determinato periodo di tempo. Questo può includere previsioni su questioni come il lavoro, l'amore, la famiglia o la salute.

Tuttavia, è importante notare che l'astrologia non è una scienza e non può prevedere con precisione il futuro. Le interpretazioni astrologiche sono soggettive e dipendono dall'abilità e dall'esperienza dell'astrologo. Inoltre, l'astrologia non deve essere considerata come una forma di determinismo, ma piuttosto come uno strumento per conoscere meglio sé stessi e per prendere decisioni consapevoli nella vita.

L' 'astrologia offre un modo affascinante per esplorare il nostro destino e conoscere più a fondo noi stessi. Attraverso l'analisi dei pianeti, dei segni zodiacali e delle case astrologiche, l'astrologia può fornire dettagli e approfondimenti sulle nostre tendenze, talenti e sfide. Tuttavia, è importante ricordare che l'astrologia non può prevedere il futuro con precisione e che la nostra volontà e le nostre azioni giocano comunque un ruolo fondamentale nella creazione del nostro destino. Fornisce una bussola per guidarci nel cammino della vita, ma spetta a noi prendere le decisioni e agire di conseguenza.

L'astrologia attraverso l'analisi di posizioni e movimenti planetari, è possibile ottenere informazioni sul carattere di una persona, sulle sue capacità innate e sulle possibili sfide e opportunità che potrebbe incontrare nel corso della sua vita. In questo articolo, esploreremo in modo dettagliato i principi dell'astrologia e come questa pratica può rivelare il destino individuale.

1. Origini e fondamenti dell'astrologia

L'astrologia affonda le sue radici nell'antica Babilonia, ma è stata ampiamente sviluppata e perfezionata da culture come gli antichi Greci, gli Egizi e gli Arabi. I suoi fondamenti si basano sull'idea che gli astri, inclusi i pianeti del sistema solare e altre stelle, hanno un'influenza sulle persone sulla Terra. Questa influenza si manifesta in modo diverso a seconda della posizione dei pianeti nel momento della nascita di un individuo.

2. I segni zodiacali

Uno dei concetti chiave dell'astrologia è quello dei segni zodiacali. Il sole attraversa diverse costellazioni durante l'anno, e ognuna di queste costellazioni rappresenta un segno dello zodiaco. Ci sono dodici segni zodiacali in totale, ognuno dei quali ha caratteristiche e tratti distinti. Questi segni sono: Ariete, Toro, Gemelli, Cancro, Leone, Vergine, Bilancia, Scorpione, Sagittario, Capricorno, Acquario e Pesci.

3. L'ascendente e le case astrologiche

Oltre al segno zodiacale, un'altra componente importante dell'astrologia è l'ascendente. L'ascendente è il segno che sorge all'orizzonte orientale al momento della nascita di una persona ed è un fattore determinante nella configurazione del tema astrale individuale. Ogni segno zodiacale è associato a uno dei quattro elementi (fuoco, terra, aria e acqua), e l'ascendente può fornire ulteriori dettagli sulla personalità e sulle caratteristiche di una persona.

Inoltre, il tema astrale è diviso in 12 case

astrologiche, che indicano gli ambiti della vita che potrebbero essere influenzati dai pianeti. Queste case rappresentano aree come la carriera, l'amore, la famiglia, la salute e molto altro.

4. I pianeti e la loro influenza

I pianeti nel sistema solare sono considerati i principali influenzatori delle nostre vite secondo l'astrologia. Ogni pianeta rappresenta un'energia specifica e ha il potenziale di influenzare diversi aspetti della personalità e del destino di una persona.

Il Sole, ad esempio, è associato all'identità e all'ego di una persona, mentre la Luna rappresenta le emozioni e il lato intuitivo. Mercurio governa il pensiero e la comunicazione, mentre Venere rappresenta l'amore e il cibo.

Marte rappresenta l'energia e l'aggressività, Giove la fortuna e la filosofia di vita, Saturno la disciplina e l'ambizione, Urano l'innovazione e l'individualità, Nettuno l'ispirazione e la spiritualità, e Plutone il potere e la trasformazione.

5. Le previsioni astrologiche

Una delle applicazioni più popolari dell'astrologia è la predizione del futuro. Gli astrologi analizzano attentamente la configurazione dei pianeti nel momento presente e prevedono come questa disposizione potrebbe influenzare la vita di una persona nel corso del tempo.

Attraverso l'uso di tecniche come la progressione dei pianeti, le transiti e le direzioni primarie, gli astrologi possono identificare periodi di opportunità, sfide e cambiamenti significativi nella vita di un individuo. Queste previsioni possono spaziare dalla sfera dell'amore e delle relazioni, alla carriera e alle finanze.

6. L'astrologia come strumento di autoconoscenza

Nonostante le eventuali controversie sull'efficacia delle predizioni astrologiche, l'astrologia può essere un potente strumento di autoconoscenza. Attraverso l'analisi del proprio tema astrale, una persona può scoprire chi è davvero, quali sono i suoi talenti e sfide, e come può capitalizzare al meglio le sue risorse.

L'astrologia può anche fornire un senso di direzione e di appartenenza, in quanto permette alle persone di comprendere meglio la loro posizione nel cosmo e il ruolo che potrebbero svolgere nel mondo.

L'astrologia è un'antica disciplina che ha affascinato l'umanità per secoli. Attraverso l'analisi dei segni zodiacali, dei pianeti e del tema astrale individuale, l'astrologia può offrire una visione unica sulla personalità e sul destino di una persona. Che si tratti di ottenere previsioni sul futuro o di utilizzare l'astrologia come strumento di autoconoscenza, questa pratica può fornire un senso di guida e comprensione nella nostra vita.

Capitolo I

Il segno zodiacale dell'Ariete, che va dal 21 marzo al 19 aprile, è il primo segno del calendario astrologico. Rappresentato dal simbolo del carnevale, l'Ariete è associato al pianeta Marte, il dio romano della guerra. Questo segno ha una serie di caratteristiche uniche che lo rendono unico e affascinante.

L'Ariete è noto per essere una persona energica e ambiziosa. È il tipo di persona che ama prendere l'iniziativa e affrontare qualsiasi sfida che si presenti. L'Ariete non ha paura di affrontare nuove esperienze e di spingersi oltre i propri limiti. È un segno di fuoco, il che significa che è sempre in movimento e brucia con una passione ardente.

L'Ariete ha anche una natura impulsiva e avventurosa. È noto per prendere decisioni rapide e coraggiose senza pensarci due volte. Questa combinazione di energia e impulsività può portare a risultati positivi, ma può anche mettere l'Ariete in situazioni rischiose. È importante per loro imparare a controllare i propri impulsi e a valutare attentamente le situazioni prima di agire.

Un'altra caratteristica chiave dell'Ariete è la loro forte personalità. Sono persone sicure di sé e amano essere al centro dell'attenzione. Sono appassionati e determinati ad avere successo in tutto ciò che fanno. L'Ariete è un segno di leadership e ama assumere la guida in ambito professionale e personale.

Tuttavia, l'Ariete può anche essere un po' egoista e impulsivo. Possono facilmente cadere nella trappola dell'ego e non prestare attenzione alle esigenze degli altri. È importante che l'Ariete impari a essere più empatico e a considerare gli altri nella loro presa di decisione. Avere una mentalità più aperta e compassionevole può aiutare l'Ariete a far crescere migliori relazioni con gli altri.

Per comprendere appieno un Ariete, è essenziale tener conto del loro bisogno di indipendenza. Gli Arieti amano l'idea della libertà e dell'autonomia e non amano sentirsi vincolati o limitati. Hanno una grande voglia di esplorare e scoprire sempre nuove avventure, anche se questo significa diversificare i loro interessi e hobby regolarmente.

Per relazionarsi con un Ariete, è importante rispettare la loro individualità e lasciarli fare le loro scelte. Evitare di cercare di controllarli o di limitarli, in quanto possono reagire in modo negativo a sentimenti di restrizione. Invece, offrire supporto e incoraggiamento verso i loro obiettivi e sogni li farà sentire apprezzati e amati.

In sintesi, l'Ariete è un segno zodiacale che brilla per la propria energia, ambizione e determinazione. Sono leader nati, guidati dall'impulso e dalla passione. Tuttavia, possono essere avventurosi e impulsivi, il che può portare a situazioni rischiose. Con un po' di cura e comprensione, l'Ariete può rivelarsi un compagno entusiasmante e appassionato, pronto a guidarti in nuove avventure.

Capitolo II

Il segno zodiacale del Toro è governato dal pianeta Venere e si estende dal 20 aprile al 20 maggio. Le persone nate sotto questo segno sono conosciute per la loro determinazione, la loro stabilità e il loro attaccamento alla materialità.

Una delle caratteristiche principali del Toro è la sua grande pazienza. Questo segno zodiacale è noto per la sua capacità di aspettare e resistere, senza mai perdere la calma. Il Toro ha un approccio molto pratico alla vita e tende a valutare attentamente le sue scelte prima di agire. È una persona che riflette molto prima di prendere una decisione e questo può renderlo apparire lento agli occhi degli altri, ma in realtà agisce solo dopo aver ponderato ogni pro e contro.

La terrenalità è un'altra caratteristica importante del Toro. Questo segno è molto radicato nella realtà e trae gioia dalla concretezza della vita. Per lui, la solidità e la sicurezza sono aspetti fondamentali e l'accumulo di beni materiali è spesso uno dei suoi obiettivi principali. Il Toro è attratto dal comfort e dalla stabilità finanziaria, e lavora duramente per raggiungere questi obiettivi.

Ma il Toro non è solo interessato ai beni materiali. Questo segno è anche noto per la sua sensualità e la sua profonda connessione con il mondo dei sensi. Il Toro trova grande piacere nel nutrirsi dei piaceri della vita, come buon cibo, musica, arte e l'amore fisico. Anche se può sembrare materialista, il Toro sa apprezzare le piccole cose e trarre gioia dalla bellezza che lo circonda.

Un'altra caratteristica importante del Toro
è la sua lealtà. Questo segno è
estremamente fedele e affidabile. Una
volta che ha stabilito una connessione
profonda con qualcuno, il Toro farà di
tutto per proteggere e sostenere quella
persona. Il Toro è anche un amico molto
premuroso e sarà sempre presente
quando qualcuno ha bisogno di aiuto o
supporto.

Comprendere il Toro può essere un
compito impegnativo, ma una volta che si
riesce a fare amicizia con questo segno
zodiacale, si avrà un alleato fedele per
tutta la vita. Il Toro può sembrare testardo
e possessivo, ma in realtà è solo molto
devoto e protettivo delle persone che
ama.

Per comprendere appieno un Toro, bisogna accettare la sua natura un po' lenta e non cercare di forzare le cose. Bisogna anche apprezzare la sua passionalità e il suo attaccamento al mondo dei sensi. E infine, bisogna essere pronti a dare tanto quanto si riceve, poiché il Toro apprezza l'impegno e la dedizione reciproca.

In conclusione, il segno zodiacale del Toro è caratterizzato da pazienza, stabilità, sensualità e lealtà. Comprendere un Toro richiede comprensione, accettazione e un impegno reciproco. Ma una volta che si conquista il suo cuore, si avrà un alleato fedele e un amico per tutta la vita.

Capitolo III

Il segno zodiacale dei Gemelli appartiene all'elemento dell'Aria e è governato dal pianeta Mercurio. Le persone nate sotto questo segno sono conosciute per la loro natura curiosa e versatile, spesso descritte come delle farfalle sociali che saltano da un interesse all'altro senza pausa.

Una delle caratteristiche principali dei Gemelli è la loro dualità. Sono spesso affascinati da una vasta gamma di argomenti e tendono ad avere molti hobby e interessi diversi. Questa natura eclettica li rende delle persone affascinanti da conoscere e da frequentare, ma può anche renderli superficiali o poco affidabili in alcuni casi. La capacità di passare facilmente da un'attività all'altra può renderli incostanti e poco concentrati.

I Gemelli sono noti per la loro intelligenza acuta e per la loro capacità di apprendere in fretta. Sono chiacchieroni per natura e amano condividere le loro idee con gli altri. Sono molto socievoli e amano fare nuove amicizie, ma possono anche essere piuttosto superficiali nelle loro relazioni. Amano conversare di temi leggeri come l'intrattenimento o il gossip, ma possono avere difficoltà ad affrontare argomenti più profondi o emotivi.

Uno dei modi migliori per comprendere un Gemelli è cercare di coinvolgerli in attività stimolanti mentalmente. Adorano i giochi di parole, i rompicapi e la sfida intellettuale. Inoltre, apprezzano gli individui che sono in grado di tenere il passo con il loro ritmo veloce e che possono offrire loro una conversazione interessante.

Tuttavia, poiché i Gemelli tendono a saltare da un argomento all'altro, è importante essere pazienti e comprensivi con loro. Possono essere facilmente distratti e perdere l'interesse in fretta, quindi è essenziale mantenerli coinvolti e stimolati. Per farlo, è necessario fornire loro abbastanza libertà e spazio per esplorare le loro passioni, senza sentirsi restringenti.

Nonostante la loro immagine giocosa e spensierata, i Gemelli possono anche essere molto emotivi. Possono nascondere le loro emozioni dietro una maschera di allegria, ma in realtà possono essere molto sensibili e vulnerabili. Pertanto, è fondamentale essere attenti alle loro sfumature emozionali e fare in modo che si sentano a proprio agio nel condividere i loro veri sentimenti.

In conclusione, i Gemelli sono persone curiose, versatili e intelligenti. Sono amichevoli e sempre pronti per una nuova avventura. Tuttavia, possono anche essere incostanti e superficiali a volte. Per comprendere un Gemelli, è necessario stimolare la loro mente, offrire loro libertà e spazio di esplorazione e mostrare comprensione nei confronti delle loro emozioni.

Capitolo IV

Il segno zodiacale del Cancro è noto per la sua sensibilità, intuizione e natura emotiva. Le persone nate sotto questo segno sono spesso molto affettuose e hanno una grande capacità di amare. Sono anche estremamente protettive nei confronti dei loro cari e possono fare qualsiasi cosa per mantenerli al sicuro.

Una delle caratteristiche più distintive del segno del Cancro è la sua grande intuizione. I Cancro hanno il dono di leggere le persone e le situazioni con grande precisione, e spesso sanno istintivamente quali sono le emozioni e i bisogni degli altri. Questa capacità li rende ottimi amici, partner e genitori, in quanto sono in grado di ascoltare e comprendere davvero le persone che hanno intorno.

La sensibilità è un'altra caratteristica chiave del Cancro. Questi individui tendono ad essere molto riflessivi e possono facilmente essere feriti dalle parole o dalle azioni degli altri. Sono facilmente scossi da eventi negativi e possono spesso farsi prendere dall'ansia o dallo stress. È importante che i Cancro imparino a gestire le loro emozioni in modo sano e a non lasciarsi sopraffare dalla negatività.

I Cancro sono molto legati alla famiglia e alla casa. Sono sentimentali per natura e spesso attribuiscono un grande valore ai ricordi e alle tradizioni familiari. La loro casa è il loro rifugio e il luogo in cui si sentono più al sicuro. Hanno un forte desiderio di creare un ambiente caldo e accogliente per coloro che amano.

Tuttavia, il Cancro può anche avere un lato più difficile da comprendere. A volte, a causa della sua sensibilità e tendenza a prendere tutto sul personale, può diventare troppo protettivo e possedere un atteggiamento difensivo. Inoltre, può essere piuttosto testardo e riluttante a lasciar andare il passato. È importante che i Cancro imparino a perdonare e a non trattenere rancore, altrimenti potrebbero trovarsi intrappolati in sentimenti negativi che li impediscono di andare avanti nella vita.

Per comprendere il Cancro è fondamentale essere pazienti e comprensivi. È importante ascoltarlo e accettare le sue emozioni senza giudicare. Anche se possono sembrare un po' riservati all'inizio, una volta che sentono amore e accettazione, si apriranno e mostreranno il loro vero se stessi. Per guadagnare la loro fiducia, devi dimostrarti affidabile e leale.

Infine, i Cancro sono noti per il loro grande amore per il cibo. Spesso amano cucinare per gli altri e si ritrovano spesso a riunire le persone attorno a un tavolo per condividere un pasto. Il cibo è per loro un modo per esprimere amore e cura verso gli altri.

Il Cancro è un segno zodiacale con una natura affettuosa, intuizione e sensibilità. Saper comprendere il Cancro significa accettare la sua emotività e la sua natura protettiva, ma anche essere in grado di aiutarlo a gestire le sue emozioni in modo sano. Con il giusto sostegno e amore, il Cancro può fiorire e portare un grande senso di calore e conforto in ogni situazione.

Capitolo V

Il segno zodiacale del Leone, appartenente all'elemento del fuoco, è uno dei segni più intriganti e affascinanti dell'intero zodiaco. Le persone nate sotto questo segno sono caratterizzate da una personalità audace, dominante e leonina appunto. In questo capitolo, esploreremo le caratteristiche principali del Leone e condivideremo alcuni suggerimenti su come comprenderlo al meglio.

Una delle prime cose che si notano nel Leone è la sua presenza magnetica e il suo carisma. Spesso, quando entra in una stanza, il Leone attira immediatamente l'attenzione di tutti grazie alla sua sicurezza e al suo fare teatrale. Questo segno si sente a proprio agio sotto i riflettori e ama essere al centro dell'attenzione, spesso ricoprendo ruoli di leadership sia nella sfera professionale che in quella personale.

Il Leone è anche noto per la sua generosità e lealtà. È un segno estremamente generoso e ama coccolare le persone a cui tiene. Sono pronti a fare qualsiasi cosa per i loro amici e familiari, spesso senza aspettarsi nulla in cambio. La lealtà è sacra per loro e sono disposti a difendere e supportare coloro che considerano importanti nella loro vita.

Tuttavia, il Leone può essere anche un segno molto egocentrico. Il loro bisogno di attenzione e riconoscimento può farli sembrare egoisti e egocentrici, ma bisogna capire che questo è solo un meccanismo di difesa. Il Leone teme di non essere abbastanza, quindi cerca costantemente di dimostrare il proprio valore agli altri attraverso l'incarnazione di un atteggiamento dominante. Tuttavia, se si riesce a penetrare la loro corazza, si scoprirà un animo affettuoso e generoso.

Per comprendere al meglio un Leone, è importante riconoscere che dietro quella maschera fiera e impenetrabile si nasconde una persona che ha bisogno di amore e apprezzamento. I Leo amano essere osannati e ammirati, e spesso si sentono delusi se non sono al centro dell'attenzione. Ecco perché è fondamentale mostrar loro quanto li apprezziamo e riconosciamo.

Un altro suggerimento per comprendere meglio il Leone è quello di rispettare la sua indipendenza. Questo segno ama essere autonomo e fare le sue scelte. Non cercate di controllarlo o mettergli dei limiti, altrimenti potrebbe reagire in modo impulsivo e ribelle. Lasciategli lo spazio di cui ha bisogno e incoraggiatelo a perseguire i suoi obiettivi personali.

Infine, è importante sottolineare che il Leone ha una grande ambizione e un forte desiderio di successo. Questo segno è guidato dal suo ego e ama mettersi alla prova costantemente. Se volete davvero capire un Leone, dovete capire anche la sua passione per il successo e supportarlo nel raggiungimento dei suoi obiettivi.

Il segno zodiacale del Leone è affascinante e complesso al tempo stesso. È un segno che esige attenzione e riconoscimento, ma che nasconde anche un grande cuore amorevole e generoso. Per comprenderlo al meglio, è necessario mostrare apprezzamento e rispetto per la sua indipendenza e ambizione. Solo allora potrete veramente entrare nel mondo del Leone e vedere oltre la sua maschera di fiera impenetrable.

Capitolo VI

Il segno zodiacale della Vergine: caratteristiche principali e come comprenderlo

La Vergine è il sesto segno dello zodiaco ed è governata dal Mercurio. Le persone nate tra il 23 agosto e il 22 settembre appartengono a questo segno zodiacale. La Vergine è spesso associata alla precisione, all'attenzione ai dettagli e alla natura meticciarda. In questo capitolo, esploreremo le caratteristiche principali della Vergine e esamineremo come comprenderle meglio.

La Vergine è conosciuta per essere metodica, organizzata e praticamente orientata. Queste persone hanno un forte desiderio di perfezione e sono attente a ogni singolo dettaglio. La loro mente analitica e razionale le rende eccellenti nel risolvere problemi complessi e nel prendere decisioni informate.

La precisione della Vergine si estende anche ai dettagli fisici. Sono soliti essere ordinati e puliti, cercando sempre di mantenere l'ordine intorno a loro. Questa caratteristica può farli sembrare un po' maniacali del controllo, ma in realtà è solo il desiderio di ordine e organizzazione che li spinge a comportarsi in questo modo.

Uno dei tratti distintivi della Vergine è la sua natura praticamente orientata. Sono molto attenti alla realtà e al mondo concreto, cercando sempre di trovare soluzioni realistiche ai problemi. Possono essere un po' scettici nei confronti di idee o teorie astratte, preferendo invece basarsi su fatti tangibili e dati concreti.

La Vergine è anche un segno molto laborioso e incentrato sul lavoro. Sono ossessionati dal raggiungere i propri obiettivi e dedicano molto tempo ed energia per realizzarli. Spesso hanno una grande capacità di concentrazione e possono lavorare senza sosta finché non raggiungono i risultati desiderati.

Nella sfera delle relazioni interpersonali, la Vergine può sembrare un po' distante o riservata inizialmente. Tuttavia, una volta che si sentono a proprio agio, possono essere sociabili, amichevoli e affidabili. Hanno solitamente pochi amici intimi, ma mantengono rapporti durevoli con quelli che riescono a conquistare la loro fiducia.

Per comprendere meglio una persona della Vergine, è fondamentale rispettare il suo bisogno di ordine e organizzazione.

Sono portati a prendersi cura degli altri e apprezzano quando le cose vanno in modo ordinato intorno a loro. Inoltre, è importante trattare con rispetto la loro razionalità e cercare di evitare discussioni basate su emozioni o sentimenti puramente soggettivi.

La Vergine può essere molto critica nei confronti di sé stessa e degli altri. Hanno alti standard di perfezione e possono essere duri con se stessi se non li raggiungono. Pertanto, è importante essere sensibili alle loro esigenze e riconoscere i loro sforzi.

In conclusione, il segno zodiacale della Vergine è caratterizzato da una grande attenzione ai dettagli, da una natura metodica e da una forte volontà di perfezione. Comprendere una persona della Vergine richiede rispetto per la sua propensione all'ordine e all'organizzazione, nonché la capacità di accettare la sua razionalità e la sua predisposizione al lavoro.

Capitolo VII

La Bilancia è il settimo segno dello zodiaco e rappresenta l'equilibrio, l'armonia e la giustizia. Le persone nate sotto questo segno sono caratterizzate da una forte inclinazione verso la bellezza, l'arte e l'estetica in generale. Sono estremamente sensibili e possono facilmente percepire le energie e le emozioni degli altri, rendendo le loro relazioni interpersonali un aspetto molto importante della loro vita.

Una delle principali caratteristiche della bilancia è la loro costante ricerca di equilibrio. Sono sempre alla ricerca di un punto di vista obiettivo e cercano di pesare attentamente i pro e i contro prima di prendere una decisione. Possono essere diplomatici e possono facilmente mettersi nei panni degli altri, il che li rende ottimi mediatori in situazioni complesse.

La giustizia è un'altra caratteristica importante della personalità bilanciata. Vogliono vedere un trattamento equo e sono fermamente convinti che ognuno debba essere trattato in modo giusto e uguale. Sono propensi a difendere i deboli e adesso quali battaglie combattere per portare avanti la loro idea di giustizia.

La risolutezza è un altro tratto distintivo delle persone con segno zodiacale della Bilancia. Una volta che hanno preso una decisione, la sostengono con fermezza e determinazione, anche se può sembrare che siano indecisi in un primo momento. Tuttavia, questo tratto può portare anche a situazioni conflittuali, poiché possono essere considerati testardi e irremovibili dalle persone che sono in disaccordo con loro.

La bilancia è un segno di aria, che conferisce loro una natura comunicativa e socievole. Sono persone estroverse che amano stare in compagnia degli altri e che spesso brillano in situazioni sociali. Sono bravi ascoltatori e sanno come coinvolgere gli altri in una conversazione, rendendoli ottimi amici e partner romantici.

Tuttavia, uno dei principali difetti delle persone nate sotto il segno della Bilancia è la loro tendenza a evitare i conflitti. Possono essere così concentrati sull'armonia e sulla pace che evitano di affrontare i problemi di fronte a loro. Questo può portare a una mancanza di confronto e risoluzione dei conflitti, che a lungo termine può causare tensioni nelle relazioni.

Per comprendere pienamente una persona con il segno zodiacale della Bilancia, è importante essere disposti a entrare in contatto con il loro mondo emotivo. Devono essere ascoltati e compresi senza essere giudicati. Essere pazienti con loro e aiutarli a trovare modi per affrontare i conflitti in modo costruttivo sarà di grande valore per stabilire una connessione duratura e significativa con una persona bilancia.

In conclusione, le persone con il segno zodiacale della Bilancia sono caratterizzate dalla loro ricerca di equilibrio, dalla loro natura giusta e risoluta e dalla loro inclinazione alla comunicazione e alle relazioni interpersonali. Comprenderle significa abbracciare la loro sensibilità e stare al loro fianco nella loro costante ricerca di armonia.

Capitolo VIII

Il segno zodiacale dello Scorpione: Ottavo segno dello zodiaco caratteristiche principali e come comprenderlo

Lo Scorpione è il segno zodiacale dell'astrologia che cade tra il 23 ottobre e il 21 novembre. È considerato un segno d'acqua, governato dal pianeta Plutone e tradizionalmente associato all'elemento acqua. Le caratteristiche principali dello Scorpione includono la passionalità, la determinazione e la profondità emotiva.

Gli individui nati sotto il segno dello Scorpione sono noti per il loro atteggiamento intenso e misterioso. Sono spesso considerati enigmatici, ma una volta che si aprono con gli altri, possono essere persone profondamente empatiche e premurose. La loro passionalità si manifesta in tutto ciò che fanno, sia che si tratti di amore, lavoro o hobby.

Un tratto distintivo dello Scorpione è la sua determinazione. Una volta che si è fissato un obiettivo, faranno tutto il possibile per raggiungerlo. Sono molto tenaci e non si arrendono facilmente. Questo tratto fa dello Scorpione una persona ambiziosa e orientata al successo.

La profondità emotiva dello Scorpione è un'altra caratteristica chiave. Sono in contatto con le profondità della propria anima e possono affrontare i loro sentimenti in modo intenso e coraggioso. Possono anche essere molto intuitivi e capaci di percepire le emozioni degli altri. Queste capacità li rendono ottimi consiglieri e amici fidati.

Tuttavia, comprendere pienamente uno Scorpione può essere una sfida. Il loro carattere misterioso e le loro emozioni intense possono renderli difficili da leggere. Possono nascondere i propri sentimenti o fingere di non mostrare interesse quando invece sono profondamente coinvolti.

Per comprendere meglio uno Scorpione, è fondamentale rispettare la loro necessità di autonomia e spazio personale. Sono persone che apprezzano la privacy e il tempo per riflettere. Non cercare di forzarli a condividere ciò che non vogliono condividere, ma crea un ambiente sicuro in cui possano sentirsi a proprio agio per aprirsi quando lo desiderano.

Allo stesso tempo, è importante essere sinceri e autentici. Gli Scorpioni hanno una radicata capacità di percepire le bugie e le falsità. Se vuoi instaurare un rapporto significativo con uno Scorpione, devi essere disposto a mostrarti vulnerabile e a condividere i tuoi veri sentimenti con loro.

Infine, la fiducia è un elemento cruciale nella comprensione e nel rapporto con uno Scorpione. Se dimostri di essere degno di fiducia e leale, saranno disposti a condividere con te i loro segreti e le loro paure più profonde. Ma la fiducia non si guadagna facilmente con uno Scorpione, richiede tempo e pazienza.

In conclusione, lo Scorpione è un segno zodiacale ricco di sfaccettature. La sua passionalità, determinazione e profondità emotiva lo rendono un individuo affascinante ed enigmatico. Per comprenderlo appieno, è necessario rispettare la sua autonomia, essere sinceri e autentici, e costruire una relazione fondata sulla fiducia. Solo allora sarà possibile comprendere e apprezzare appieno la ricchezza del segno dello Scorpione.

Capitolo IX

Il segno zodiacale dello Sagittario

Il segno zodiacale del Sagittario cade tra il 22 novembre e il 21 dicembre, e rappresenta il nono segno dell'oroscopo occidentale. È simboleggiato dall'arciere, un essere mitologico con metà corpo umano e metà corpo di cavallo, puntando la sua freccia verso l'alto. Questo simbolo incarna perfettamente la personalità dello Sagittario, con la sua passione per l'avventura e la ricerca del significato profondo nella vita.

Caratteristiche principali

Uno dei tratti distintivi dello Sagittario è la sua innata curiosità. Queste persone sono sempre alla ricerca di nuove esperienze, nuove conoscenze e nuove prospettive. Sono assetati di sapere e spesso dedicano tempo e energie nello studio di diverse discipline. La loro mente aperta li porta ad essere molto tolleranti e accettanti nei confronti delle diversità, sia culturali che ideologiche.

L'ottimismo è un'altra caratteristica predominante dello Sagittario. Sono noti per la loro tendenza a vedere il bicchiere mezzo pieno e per il loro spirito avventuroso che li spinge ad affrontare ogni sfida con un sorriso sul volto. La loro positività può essere contagiosa, e spesso sono in grado di ispirare e motivare gli altri intorno a loro.

Lo Sagittario è anche un segno molto socievole. Amano fare nuove amicizie e tendono a essere persone molto popolari. Sono estroversi di natura e amano stare in compagnia. La loro personalità energica e amichevole li rende perfetti per ruoli di leadership o per lavori che richiedono di interagire costantemente con le persone.

Come comprenderlo

Per comprendere pienamente uno Sagittario, è importante capire che sono mossi da una costante ricerca di senso e significato nella loro vita. Questo significa che spesso si trovano immersi in viaggi di scoperta, sia fisicamente che mentalmente. Possono essere visti come nomadi, spinti dalla loro insaziabile curiosità di conoscere nuovi luoghi, culture e idee.

La sfida principale per chi cerca di comprendere uno Sagittario è accettare la sua necessità di libertà. Sono delle anime libere che non sopportano l'oppressione o la restrizione. Hanno bisogno di spazio per esplorare e crescere, e spesso preferiscono le relazioni aperte e senza vincoli. È importante non cercare di imprigionare uno Sagittario, ma piuttosto incoraggiarlo a seguire i suoi istinti e ad esplorare il mondo.

Inoltre, bisogna comprendere che possono sembrare un po' distratti o dispersi. La loro mente è costantemente in movimento, e possono passare da un argomento o un progetto all'altro senza preavviso. Tuttavia, questa loro natura multiforme spesso li rende molto creativi e innovativi, capaci di trovare soluzioni originali a problemi complessi.

In conclusione, lo Sagittario è un segno zodiacale intrigante e affascinante. La loro sete di conoscenza e di avventura li porta a scoprire nuovi orizzonti e a toccare nuove vette. Per comprendere uno Sagittario, bisogna abbracciare la sua immensa curiosità e accettare il suo bisogno di libertà. Solo allora si potrà conoscere appieno l'enigma di uno dei segni più interessanti dello zodiaco.

Capitolo X

Il segno zodiacale del Capricorno è rappresentato dallo zodiaco dal 22 dicembre al 19 gennaio decimo segno dell'oroscopo ha molte caratteristiche interessanti che lo rendono un segno unico e affascinante. Questo segno di terra è governato dal pianeta Saturno, che gli conferisce un senso di disciplina, stabilità e responsabilità.

Una delle principali caratteristiche del Capricorno è la sua ambizione. Le persone nate sotto questo segno sono estremamente motivate e determinate a raggiungere i propri obiettivi. Sono disposte a lavorare sodo e ad affrontare molte sfide per ottenere il successo desiderato. Il Capricorno non si lascia scoraggiare facilmente e non si ferma di fronte a nulla per raggiungere i suoi obiettivi. Questa determinazione si riflette nella loro vita quotidiana, sul lavoro e nelle relazioni personali.

Un'altra caratteristica chiave del Capricorno è la sua natura pratica. Questi individui tendono ad essere molto realisti e razionali nelle loro decisioni. Prima di agire, considerano attentamente tutte le opzioni disponibili e prendono decisioni sagge e ponderate. Sono molto organizzati e ordinati nella loro vita, il che li rende capaci di affrontare le sfide e le responsabilità con facilità.

Il Capricorno è noto anche per la sua forte intuizione e saggezza. Sono profondi osservatori e spesso comprendono le situazioni e le persone meglio di altri segni. Questo dono li aiuta a prendere decisioni importanti nella vita con fiducia e sicurezza. Hanno anche una grande capacità di apprendimento e di adattamento, il che li rende in grado di affrontare nuove situazioni e cambiamenti con agilità.

Tuttavia, il Capricorno può apparire spesso riservato e serio. Questo è dovuto alla loro natura concentrata e alla loro predilezione per la sicurezza. Sono persone che riflettono su ciò che dicono e che tendono a prendere le cose con una certa serietà. Questo non vuol dire che siano privi di umorismo o non abbiano un lato giocoso, ma preferiscono concentrarsi sul raggiungimento dei loro obiettivi piuttosto che sul divertimento frivolo.

Per comprenderli meglio, è importante considerare la loro innata sfida personale di bilanciare la loro ambizione e il desiderio di successo con il bisogno di connessione umana e amore. Il Capricorno può sembrare distante a volte, ma questo è solo perché si preoccupa profondamente e vuole consolidare le basi per un futuro solido. Chiunque desideri avvicinarsi a un Capricorno dovrebbe dimostrare stabilità e sincerità, dimostrando di essere affidabili e solidali.

Il segno zodiacale del Capricorno è un segno versatile e pieno di sorprese. Anche se può sembrare che vivano per il successo e per il raggiungimento di obiettivi ambiziosi, sono altrettanto attenti alle loro relazioni personali e al benessere dei loro cari. Nonostante possano sembrare rigidi e riservati, sono persone affidabili su cui si può sempre contare.

In conclusione, il segno zodiacale del Capricorno è un segno unico e affascinante con molte caratteristiche interessanti. La sua ambizione, disciplina, praticità e saggezza contribuiscono a renderlo un individuo notevole e pieno di risorse. Per comprenderlo meglio, è importante riconoscere il suo desiderio di successo e di stabilità, al contempo nutrendo la connessione umana e dimostrando sincerità e affidabilità.

Capitolo XI

Le caratteristiche principali del segno zodiacale dell'Acquario

L'Acquario è uno dei segni zodiacali più affascinanti e misteriosi del panorama astrologico. Rappresentato dal simbolo di due linee ondulate, l'Acquario è l'undicesimo segno dell' oroscopo associato all'elemento dell'aria e governato dai pianeti Urano e Saturno. Le persone nate sotto questo segno sono spesso considerate visionarie, progressiste e altruiste.

Una delle caratteristiche più distintive dell'Acquario è la sua natura ribelle e indipendente. Queste persone non amano seguire le regole predefinite della società e preferiscono creare le proprie strade.

Sono mentalmente agili e hanno una mente aperta, cosa che li rende dei visionari e dei pensatori innovativi. L'Acquario è spesso un leader nel suo campo, trovando nuovi modi di pensare o di fare le cose.

L'Acquario è noto anche per la sua natura umanitaria. Sono persone che si preoccupano profondamente degli altri e sono spesso coinvolte in cause sociali. Possono essere degli attivisti che lottano per i diritti umani, per l'uguaglianza o per la giustizia sociale. L'Acquario è guidato da un forte senso del dovere verso la comunità e può spesso essere trovato a lavorare in modo volontario o a fare del bene agli altri senza cercare ricompense.

Tuttavia, l'Acquario può anche essere visto come distante o eccentrico. A volte possono sembrare freddi o superficiali, ma questa non è la loro vera natura. L'Acquario tende ad avere molti interessi diversi e possono sembrare distanti perché la loro mente è costantemente in movimento. Non è raro vedere un Acquario che passa da un'attività all'altra senza motivo apparente, alla ricerca di nuovi stimoli e avventure.

Come comprendere l'Acquario:

Per comprendere l'Acquario, è importante riconoscere la sua necessità di libertà e indipendenza. Non amano essere intrappolati in una gabbia o costretti in un ambiente restrittivo. L'Acquario ha bisogno di spazio per esplorare e seguire la propria strada. Dovresti essere sempre aperto alle loro idee e alle loro opinioni senza cercare di cambiarli o limitarli.

Allo stesso tempo, l'Acquario può talvolta sembrare distante o poco interessato agli altri. È importante non prendere questo atteggiamento come qualcosa di personale. Invece, cerca di capire che l'Acquario ha semplicemente molti interessi diversi e si interessa a molte cose diverse contemporaneamente. Rispetta la loro necessità di scoprire il mondo a loro modo e non cercare di attirare sempre l'attenzione su di te.

Per comprendere l'Acquario, devi anche apprezzare la loro natura altruista e umanitaria. Sono molto preoccupati per il benessere degli altri e cercano di fare del bene nel mondo. Sii disposto a sostenere le loro cause e a unirti a loro in attività di volontariato o progetti comunitari. Questo li farà sentire compresi e apprezzati.

Infine, per comprendere davvero

l'Acquario, devi essere pronto a sostenere la loro individualità. L'Acquario è un essere unico e speciale, e a volte possono sembrare strani o escentrici agli occhi degli altri. Non cercare di cambiarli o di adattarli agli standard della società. Accetta la loro diversità e ammira il loro coraggio nel seguire il proprio percorso unico.

In conclusione, l'Acquario è un segno unico e meraviglioso da comprendere. Con la sua natura ribelle, umanitaria e progressista, l'Acquario è spesso un'anima affascinante da conoscere. Rispettando la loro libertà e individualità, puoi costruire un rapporto duraturo e significativo con un Acquario.

Capitolo XII

Il segno zodiacale dei Pesci è il dodicesimo e l'ultimo segno del calendario astrologico occidentale e simboleggia la fine dell'inverno e l'inizio della primavera. I Pesci sono rappresentati da due pesci che nuotano in direzioni opposte, simboleggiando la dualità e la natura contraddittoria di questo segno.

Le persone nate sotto il segno dei Pesci sono spesso descritte come sensibili, emotive e intuibili. Sono profondamente empatici e sono in grado di percepire le emozioni degli altri con grande facilità. Questa loro caratteristica li rende ottimi ascoltatori e amici fidati, ma può anche renderli vulnerabili all'assorbimento delle energie negative delle persone che li circondano.

I Pesci sono anche molto creativi e dotati di un'immaginazione vivida. Spesso trovano ispirazione nel loro mondo interiore, che possono esplorare attraverso l'arte, la musica o la scrittura. Sono romantici nel cuore e sognano di un amore sincero e intenso. Tuttavia, possono anche cadere nella trappola della fantasia, perdendo il contatto con la realtà.

Grazie alla loro grande compassione, i Pesci sono spesso attratti da cause umanitarie e cercano di rendere il mondo un posto migliore. Sono in grado di mettersi nei panni degli altri e desiderano alleviare il dolore e la sofferenza nel mondo. Questo li rende persone molto altruiste e che amano aiutare gli altri, ma possono anche sentirsi sopraffatti dal dolore del mondo.

I Pesci sono molto intuibili e hanno un sesto senso sviluppato. Possono percepire intuizioni e sensazioni che gli altri segni potrebbero non riuscire a cogliere. Questa loro abilità può anche renderli molto sensibili alle energie e alle atmosfere negative. Hanno bisogno di trovare un equilibrio tra il proteggere la loro sensibilità e aprirsi alle emozioni degli altri.

Per comprendere appieno un Pesci, è importante ricordare che sono esseri molto complessi. Possono essere timidi e riservati, ma allo stesso tempo desiderano profondamente connettersi con gli altri. Hanno una natura mutevole e possono passare facilmente da un'emozione all'altra. Possono essere molto idealisti e vedono il mondo attraverso una lente romantica.

Per comprendere un Pesci, è fondamentale avvicinarsi a loro con gentilezza e compassione. Dovremmo ascoltarli senza giudicare e non forzarli a condividere ciò che non sono pronti a rivelare. Dovremmo rispettare il loro bisogno di solitudine e dare loro spazio per esplorare il loro mondo interiore.

In conclusione, il segno dei Pesci è caratterizzato dalla sensibilità, dalla creatività e dall'empatia. Sono persone dal cuore d'oro che cercano di fare la differenza nel mondo. Comprensione e sensibilità sono le chiavi per comprendere appieno la complessità di un Pesci.

Capitolo XIII

L'astrologia è una disciplina millenaria che studia l'influenza dei corpi celesti sul carattere e sul destino delle persone. Uno dei concetti fondamentali dell'astrologia è rappresentato dagli elementi, che sono quattro: fuoco, terra, aria e acqua. Questi elementi hanno un ruolo chiave nell'interpretazione del tema natale di una persona e nel delineare la sua personalità.

L'importanza degli elementi nell'astrologia risiede nella loro capacità di simboleggiare le diverse espressioni della vita. Ogni elemento rappresenta una dimensione dello spirito umano, che influenza il modo in cui pensiamo, ci relazioniamo agli altri e affrontiamo le situazioni della vita.

Il fuoco è spesso associato alla passione, all'energia e alla creatività. Le persone con un predominio di questo elemento sono dinamiche, avventurose e innovative. Sono spinte da un'intensa motivazione interiore e mettono il cuore in tutto ciò che fanno. Tendono ad essere appassionate e coraggiose, ma possono anche essere impulsive e irascibili. Inoltre, il fuoco rappresenta anche il desiderio e la passione sessuale.

La terra, invece, è associata alla concretezza, alla stabilità e alla praticità. Le persone con un predominio di questo elemento sono radicate nella realtà e hanno un grande senso della responsabilità. Sono pratiche e realistiche, sempre attente ai dettagli e ai risultati concreti. Sono solide e affidabili, ma a volte possono essere troppo rigide e

attaccate alle proprie convinzioni.
L'elemento terra rappresenta anche la
materialità e il senso del possesso.

L'aria rappresenta la sfera del pensiero,
della comunicazione e della razionalità.
Le persone con un predominio di questo
elemento sono intelligenti, riflessive e
razionali. Sono aperte al dialogo e al
confronto di idee e sono in grado di
vedere diverse prospettive su una
questione. Sono diplomatiche e sanno
come comunicare in modo efficace, ma a
volte possono sembrare distanti o
superficiali. L'elemento aria rappresenta
anche la socialità e la capacità di
adattamento.

Infine, l'acqua simboleggia l'emozione,
l'intuizione e l'empatia. Le persone con un
predominio di questo elemento sono
sensibili, intuitive e profonde. Sanno

ascoltare e comprendere gli altri a un livello più profondo, avendo un'ottima capacità empatica. Sono molto legate alle loro emozioni e possono essere facilmente influenzate dagli altri. L'elemento acqua rappresenta anche l'amore, la compassione e l'immaginazione.

Nell'interpretazione dell'astrologia, nessun elemento è migliore di un altro. L'equilibrio tra gli elementi all'interno di un tema natale è fondamentale per comprendere la personalità di una persona. La combinazione e l'interazione degli elementi definiscono il modo in cui una persona si esprime nel mondo e come affronta le sfide che incontra.

L'astrologia degli elementi fornisce uno strumento prezioso per l'autocomprensione e la crescita personale. Conoscere i propri elementi dominanti può aiutare a scoprire le proprie forze e le proprie debolezze, permettendo di lavorare su di esse per sviluppare una vita più equilibrata e soddisfacente.

In conclusione, gli elementi nell'astrologia rivestono un ruolo di primaria importanza. Rappresentano le diverse sfaccettature della personalità umana e influenzano il modo in cui pensiamo, ci relazioniamo agli altri e affrontiamo le situazioni della vita. L'equilibrio tra gli elementi è fondamentale per avere una vita felice e appagante. L'astrologia degli elementi offre uno strumento prezioso per comprendere se stessi e gli altri, così da poter crescere e svilupparsi in modo completo.

Capitolo XIV

Combinazioni Relazioni tra I Segni Zodiacali

La combinazione dei segni zodiacali: come interpretare le relazioni tra i segni

Il tema della compatibilità tra i segni zodiacali è sempre stato oggetto di studio, interesse e curiosità per molte persone. Molte persone credono che i segni zodiacali possano influenzare la personalità e il comportamento delle persone, e quindi possono influire anche sulle dinamiche delle relazioni.

Per comprendere meglio come interpretare le relazioni tra i segni zodiacali, è necessario avere una conoscenza di base delle caratteristiche di ciascun segno. Ecco una breve descrizione dei dodici segni zodiacali:

1. Ariete (21 marzo - 19 aprile): gli Arieti sono noti per essere determinati, avventurosi e coraggiosi. Tuttavia, possono essere anche impulsivi e testardi.

2. Toro (20 aprile - 20 maggio): i Toro sono conosciuti per essere pratici, leali e stabili. Tendono ad essere testardi e possessivi.

3. Gemelli (21 maggio - 20 giugno): i Gemelli sono noti per essere intelligenti, adattabili e socievoli. Allo stesso tempo, possono essere nervosi e superficiali.

4. Cancro (21 giugno - 22 luglio): i Cancro sono sensibili, intuitivi e affettuosi. Possono essere anche lunatici e insicuri.

5. Leone (23 luglio - 22 agosto): i Leone sono generosi, coraggiosi e leali. Possono anche essere arroganti e dominanti.

6. Vergine (23 agosto - 22 settembre): le Vergine sono pratiche, analitiche e intelligenti. Sono perfezioniste e critici.

7. Bilancia (23 settembre - 22 ottobre): le Bilancia sono diplomatiche, gentili e amanti della pace. Possono essere indecise e dipendenti dagli altri.

8. Scorpione (23 ottobre - 21 novembre): gli Scorpioni sono profondi, appassionati e misteriosi. Possono essere anche vendicativi e gelosi.

9. Sagittario (22 novembre - 21 dicembre): i Sagittario sono avventurosi, ottimisti e sinceri. Sono anche impulsivi e

imprudenti.

10. Capricorno (22 dicembre - 19 gennaio): i Capricorno sono ambiziosi, realistici e disciplinati. Possono anche essere pessimisti e materialisti.

11. Acquario (20 gennaio - 18 febbraio): gli Acquario sono originali, altruisti e progressisti. Possono essere anche imprevedibili e distaccati.

12. Pesci (19 febbraio - 20 marzo): i Pesci sono intuitivi, sensibili e compassionevoli. Tendono ad essere evasivi e inclini all'auto sacrificio.

Ora che abbiamo una panoramica generale delle caratteristiche di ogni segno, possiamo iniziare a esplorare le combinazioni dei segni zodiacali nelle relazioni.

1. Segni complementari: i segni complementari sono quelli che si trovano di fronte l'uno all'altro sullo zodiaco. Ad esempio, l'Ariete è complementare alla Bilancia, il Toro allo Scorpione, i Gemelli al Sagittario, ecc. Queste combinazioni spesso si attraggono a vicenda, poiché i tratti di personalità di un segno possono compensare o soddisfare quelli dell'altro segno.

2. Segni compatibili: ci sono anche segni che, pur non essendo complementari, hanno delle caratteristiche simili e sono considerati compatibili tra loro. Ad esempio, Toro e Vergine sono entrambi segni pratici e stabili, Cancro e Pesci sono entrambi sensibili e intuitivi. Queste combinazioni possono promuovere un senso di comprensione e comfort reciproci.

3. Segni incompatibili: ci sono segni che possono avere difficoltà a coesistere armoniosamente a causa delle differenze di personalità. Ad esempio, l'Ariete e il Capricorno possono trovarsi in conflitto, poiché l'Ariete è impulsivo e avventuroso, mentre il Capricorno è più ambizioso e disciplinato. Tuttavia, è importante sottolineare che la compatibilità tra i segni non è una regola rigorosa, e che ogni relazione dipende da molti altri fattori oltre al segno zodiacale.

Infine, è importante ricordare che l'interpretazione della compatibilità tra i segni zodiacali non è una scienza esatta. È solo un modo divertente per esplorare le dinamiche delle relazioni e le possibili affinità tra i segni. È sempre meglio basarsi sulle esperienze personali e sulle connessioni reali per valutare la compatibilità tra due persone.

In conclusione, la combinazione dei segni zodiacali può fornire spunti interessanti per comprendere le relazioni, ma non dovrebbe essere considerata l'unica guida per determinare se due persone sono compatibili o no. È importante conoscere le caratteristiche e le personalità di ciascun individuo, senza dimenticare che ognuno è unico e non può essere semplicemente ridotto al proprio segno zodiacale.

Capitolo XV

Astrologia: quanto incide il segno zodiacale sulla personalità

L'astrologia è una pratica millenaria che si occupa di studiare l'influenza dei corpi celesti, come pianeti e stelle, sugli eventi terrestri e sulle persone. Una delle pratiche più popolari dell'astrologia è l'assegnazione di un segno zodiacale in base alla data di nascita di un individuo. Tali segni zodiacali sono 12 e rappresentano 12 segmenti dell'anno, ognuno associato a determinate caratteristiche e personalità.

Ma quanto incide realmente il segno zodiacale sulla personalità di una persona? È solo un semplice divertimento o ha effettivamente dei riscontri nella realtà?

Secondo gli astrologi, il segno zodiacale può fornire indicazioni sulla personalità e il carattere di una persona, ma non è l'unico fattore da tenere in considerazione. Altri fattori importanti includono l'ascendente, che indica l'immagine proiettata verso gli altri, e il posizionamento dei pianeti nel momento della nascita, che possono influenzare i tratti specifici della personalità di una persona.

Ad esempio, il segno zodiacale dell'Ariete viene generalmente associato a persone audaci, dinamiche e avventurose. Tuttavia, se un individuo ha un ascendente o un'altra posizione planetaria che contrasta questi tratti tipici, potrebbe manifestare una personalità completamente diversa. Pertanto, è importante considerare tutto il quadro astrale di una persona per avere una visione più accurata della sua personalità.

Inoltre, molti astrologi affermano che il segno zodiacale può essere interpretato come una sorta di "mappa della vita", che indica le sfide e le opportunità che un individuo potrebbe incontrare lungo il suo cammino. Ad esempio, un Capricorno potrebbe essere predisposto a una carriera di successo e prosperità, mentre un Pesci potrebbe essere più incline a esplorare la spiritualità e l'arte. Queste tendenze generali, tuttavia, possono essere influenzate da numerosi fattori, come l'ambiente in cui si è cresciuti, l'educazione ricevuta e le esperienze di vita.

Nonostante gli scettici mettano in dubbio l'astrologia come una pseudoscienza, molte persone trovano un certo grado di verità nei tratti descritti dal loro segno zodiacale. Alcune teorie sostengono che l'astrologia potrebbe basarsi su principi psicologici, in cui le persone tendono ad identificarsi con le descrizioni dei propri segni zodiacali a causa di fenomeni come l'effetto Forer o la tendenza ad attribuire significati affermativi a informazioni vaghe. Tuttavia, non sono state fornite prove scientifiche sufficienti per stabilire una correlazione causale tra il segno zodiacale e la personalità di un individuo.

In conclusione, l'astrologia può fornire indicazioni sulla personalità di una persona in base al suo segno zodiacale, ma non è un fattore determinante. È importante considerare anche altri aspetti astrologici, come l'ascendente e il posizionamento dei pianeti, per ottenere una visione più completa. Inoltre, è essenziale mantenere uno spirito critico e valutare l'astrologia come un interessante sistema di simboli e interpretazioni, piuttosto che come una disciplina scientifica comprovata.

Capitolo XVI

Interpretare le case in astrologia: comprendere i diversi ambiti della vita influenzati dai segni

L'astrologia è un antico sistema di conoscenza che studia la relazione tra i movimenti dei pianeti e gli eventi che si verificano sulla Terra, compreso il comportamento umano. Uno degli aspetti fondamentali dell'astrologia è l'interpretazione delle case, che sono dodici settori della carta natale che rappresentano i diversi ambiti della vita e che sono influenzati dai segni zodiacali.

Ciascuna casa rappresenta un aspetto specifico della vita di una persona e fornisce informazioni dettagliate su come quella persona si relaziona a quel settore specifico. Le case sono numerate da 1 a 12 in senso orario a partire dall'ascendente, che è il segno zodiacale che si trova sull'orizzonte est all'istante della nascita.

La casa 1 rappresenta l'individuo stesso, la sua personalità, l'aspetto fisico e il modo in cui si relaziona con gli altri. Il segno zodiacale che occupa la casa 1 può fornire indicazioni sul modo in cui l'individuo si presenta al mondo esterno.

La casa 2 è associata alle risorse materiali, al denaro e ai beni di fortuna. Rappresenta anche i talenti personali e le capacità di guadagno. Il segno che si trova nella casa 2 può indicare il modo in cui una persona gestisce le proprie risorse finanziarie e come utilizza i suoi talenti per accumulare ricchezza.

La casa 3 riguarda la comunicazione, il pensiero, l'apprendimento e la relazione con i fratelli e le sorelle. Può indicare anche lo stile di comunicazione di una persona e come si propaga l'informazione intorno a lei.

La casa 4 rappresenta la famiglia, le radici, la casa e il senso di sicurezza. Indica come una persona si relaziona con la sua famiglia e il tipo di ambiente in cui cresce. Può anche rivelare dove una persona si sente più a casa e al sicuro.

La casa 5 è associata alla creatività, al piacere, ai figli e all'amore romantico. Rappresenta anche le attività ricreative e il modo in cui una persona si diverte. Il segno che occupa la casa 5 può fornire indicazioni sul tipo di creatività e piacere che una persona cerca.

La casa 6 riguarda la salute, il lavoro quotidiano, il servizio agli altri e le routine quotidiane. Può indicare anche la capacità di una persona di organizzarsi e mantenere una routine stabile.

La casa 7 rappresenta le relazioni e il matrimonio. Può indicare il tipo di partner che una persona attrae e come si relaziona con gli altri in generale. Il segno zodiacale che occupa la casa 7 può fornire indicazioni sulla persona ideale per una relazione romantica.

La casa 8 è associata alla morte, alle risorse condivise, alla spiritualità e alla trasformazione. Può indicare anche la capacità di una persona di gestire le risorse condivise, come il denaro degli altri o le eredità.

La casa 9 riguarda gli studi superiori, i viaggi, la spiritualità e la filosofia di vita. Può indicare anche la visione del mondo di una persona e il suo livello di apertura mentale.

La casa 10 rappresenta la carriera, il successo e la reputazione sociale. Indica anche il tipo di lavoro che una persona cerca e il modo in cui vuole essere riconosciuta nella società.

La casa 11 riguarda gli amici, i gruppi sociali, gli obiettivi di vita e l'ideale di comunità. Può anche indicare il tipo di obiettivi che una persona si pone per il futuro e il tipo di persone che attira nella sua cerchia sociale.

La casa 12 è associata all'inconscio, alla spiritualità nascosta e alle paure. Può indicare anche il modo in cui una persona si relaziona con ciò che è incosciente e non manifestato nella sua vita.

Interpretare le case in astrologia richiede una comprensione approfondita dei segni zodiacali e dei loro significati associati. È importante notare che gli influssi astrologici possono essere interpretati in vari modi e che la carta natale nel suo complesso fornisce un quadro completo della personalità di una persona.

L'interpretazione delle case astrologiche può essere uno strumento potente per comprendere i diversi ambiti della vita influenzati dai segni zodiacali. Ognuna delle dodici case rappresenta un aspetto specifico della nostra esistenza, e analizzarle in modo approfondito può offrire preziose informazioni su come affrontare i vari settori della nostra vita in modo equilibrato e consapevole.

Capitolo XVII
Case 5 e 7

Nel contesto della ricerca dell'anima gemella, esamineremo le case 5 e 7 in astrologia, poiché sono spesso associate all'amore, ai rapporti romantici e all'anima gemella.

La casa 5, che è governata dal segno del Leone, rappresenta l'amore romantico, la creatività, il piacere e il divertimento. Le persone con pianeti importanti in questa casa tendono ad essere appassionate, giocose e spesso ricercano una relazione romantica appagante come parte della loro esperienza di vita. È qui che avvengono i primi incontri romantici e iniziano le nuove storie d'amore.

D'altra parte, la casa 7 è governata dal

segno della Bilancia ed è associata ai rapporti a lungo termine, matrimonio, partnership e all'anima gemella. Le persone con pianeti importanti in questa casa tendono ad essere fortemente orientate verso le relazioni e a cercare un partner che sia in sintonia con il loro senso di equilibrio e armonia. In questa casa vengono anche rivelate le dinamiche di potere nelle relazioni e come si cerca di trovare un equilibrio tra sé stessi e l'altro.

Oltre ai segni zodiacali e ai pianeti che si trovano nelle case, è anche importante considerare gli aspetti che questi formano con altri pianeti e punti nel nostro tema natale. Gli aspetti, come le congiunzioni o gli opposti, possono fornire ulteriori dettagli sull'esperienza delle relazioni e dell'anima gemella.

Ad esempio, se abbiamo Venere, il

pianeta dell'amore e dell'attrazione, nella nostra casa 5, potremmo essere inclini a innamorarci facilmente o ad avere un atteggiamento giocoso verso l'amore. D'altra parte, se abbiamo Saturno, simbolo della responsabilità e del lavoro duro, nella nostra casa 7, potremmo avere difficoltà a trovare un partner stabile o a mantenere una relazione a lungo termine.

È anche importante notare che l'anima gemella non è qualcosa che possiamo necessariamente trovare o "possedere". Può essere un percorso di crescita e apprendimento attraverso le relazioni, in cui incontriamo persone che ci aiutano a capire meglio noi stessi e ci insegnano importanti lezioni di vita.

In conclusione, l'interpretazione delle case in astrologia è uno strumento utile per ottenere una comprensione più profonda di vari aspetti della nostra vita, tra cui le relazioni e l'anima gemella. Studiare il posizionamento dei pianeti e dei segni zodiacali nelle case ci offre una visione più chiara di come queste aree della nostra vita influenzino la nostra esperienza. Tuttavia, ricorda che l'astrologia è solo uno strumento e la vera ricerca dell'anima gemella richiede pazienza, apertura e una profonda comprensione di noi stessi.

Capitolo XVIII

Le professioni ideali per l'ariete

Per gli Arieti, il segno zodiacale del fuoco, l'opportunità di affrontare nuove sfide e raggiungere obiettivi ambiziosi è essenziale per il successo professionale. Essi sono noti per la loro tenacia, determinazione e spirito pionieristico, caratteristiche che li rendono adatti a diverse carriere dinamiche e stimolanti. Ecco alcuni dei lavori ideali per gli Arieti.

1. Manager o dirigente aziendale: Gli Arieti sono spesso leader naturali, amano assumere responsabilità e prendere decisioni rapide. La capacità di gestire e motivare gli altri è una caratteristica intrinseca degli Arieti, che li rende adatti a ruoli di leadership in diverse industrie.

2. Imprenditore: L'indole intraprendente degli Arieti li rende ideali per avviare la propria attività. La loro determinazione e coraggio li aiutano ad affrontare rischi e sfide, e la loro natura competitiva li spinge a perseguire il successo.

3. Avvocato o giudice: Gli Arieti sono noti per la loro assertività e capacità di difendere le proprie opinioni. Queste caratteristiche li rendono adatti a carriere legali, dove possono mettere in pratica le loro abilità di argomentazione e negoziazione.

4. Manager sportivi o allenatori: Gli Arieti sono atletici di natura e amano sfidarsi costantemente. Sono appassionati di sport e hanno una grande energia che li rende adatti a ruoli come manager sportivi o allenatori, dove possono guidare e motivare gli altri a raggiungere il loro

massimo potenziale.

5. Imprenditore nel settore delle vendite: Gli Arieti hanno una grande capacità di comunicazione e sanno convincere gli altri ad acquistare o aderire alle loro idee. Sono competitivi e orientati verso il successo, rendendoli ideali per ruoli nel settore delle vendite.

6. Pompiere o poliziotto: Gli Arieti amano la sfida e sono coraggiosi di natura. Il lavoro di pompiere o poliziotto richiede una grande capacità di adattarsi a situazioni di emergenza e di prendere decisioni rapide, qualità che gli Arieti possiedono.

7. Ingegnere o architetto: Gli Arieti hanno una grande creatività e un talento per risolvere problemi. La loro natura intraprendente e il loro amore per il

progresso li rendono adatti a carriere nelle scienze ingegneristiche o come architetti, dove possono mettere in pratica le loro abilità di innovazione e progettazione.

In conclusione, gli Arieti sono adatti a una vasta gamma di carriere dinamiche e stimolanti. La loro intraprendenza, la loro determinazione e il loro spirito pionieristico li rendono dei veri leader e innovatori. Se sei un Ariete, prendi in considerazione queste carriere che potrebbero sfruttare al meglio le tue qualità e portare il successo professionale che meriti.

Capitolo XIX

Il lavori ideali per il segno del Toro

Il segno zodiacale del Toro, che corrisponde alle persone nate tra il 20 aprile e il 20 maggio, è noto per essere determinato, leale e ambizioso. Si tratta di individui che amano la stabilità e sono molto pratici, tipicamente più orientati verso la materialità. Quando si tratta di scelta di carriera, il Toro tende ad essere attratto da lavori che offrono sicurezza e stabilità finanziaria, ma che al contempo permettano loro di mettere in mostra la loro creatività e amore per la bellezza.

Una delle carriere ideali per il Toro è quella nell'ambito dell'architettura e del design. La natura artistica e l'attenzione ai dettagli di questo segno lo rendono un perfetto candidato per lavori che richiedono un occhio estetico e la capacità di creare spazi funzionali e belli. L'architettura offre al Toro l'opportunità di esprimere la sua creatività attraverso la progettazione e la creazione di edifici e luoghi che riflettono il suo gusto estetico.

Un'altra opzione di carriera adatta per il Toro è quella nel settore finanziario. Essendo un segno che apprezza la stabilità finanziaria, il Toro si sente a suo agio lavorando con numeri e analizzando i dati. Lavori come consulente finanziario, analista di mercato o contabile sono eccellenti scelte per il Toro, in quanto offrono sicurezza finanziaria e la possibilità di fare carriera nella gestione del denaro.

Il Toro è anche un segno che apprezza il contatto con la natura e che gode del lavoro all'aria aperta. Pertanto, una carriera come giardiniere o agronomo potrebbe essere un'opzione interessante per questo segno. Il Toro ama vedere i risultati tangibili del proprio lavoro, e lavorare con le piante e la terra offre questa possibilità. Inoltre, un lavoro all'aperto può offrire al Toro la tranquillità e la serenità che spesso cerca.

Un'altra possibilità di carriera per il Toro è quella nell'ambito della ristorazione e dell'enogastronomia. Il Toro è noto per essere un amante del cibo e del buon vino, e può trovare grande soddisfazione nella preparazione di deliziosi piatti o nella gestione di un ristorante. Lavori come chef, sommelier o gestore di un'enoteca sono solo alcune delle opzioni da considerare per il Toro che ama il cibo e desidera combinarlo con la sua passione per la creatività.

Il Toro ha diverse opzioni di carriera che sono adatte alla sua personalità determinata, leale e ambiziosa. Che si tratti di architettura, finanza, lavoro all'aperto o ristorazione, il Toro ha la possibilità di trovare il lavoro che combina sicurezza finanziaria con la possibilità di esprimere la sua creatività e amore per la bellezza. Con la sua dedizione e la sua etica lavoro, il Toro può raggiungere grandi risultati in qualsiasi carriera scelga.

Capitolo XX
Il Lavori ideali per I Gemelli

Il segno zodiacale dei Gemelli è noto per la sua natura socievole, curiosa e versatile. Le persone nate sotto questo segno tendono ad avere una mente vivace e un'abilità unica nel comunicare con gli altri. Sono appassionati di nuove esperienze, di apprendimento e sono facilmente annoiati dalla routine.

Con queste caratteristiche in mente, ci sono vari lavori che si adattano perfettamente ai Gemelli e che potrebbero aiutarli a realizzare il loro potenziale.

1. Giornalista: Il desiderio dei Gemelli di scoprire e di comunicare li rende ottimi giornalisti. La loro curiosità innata li

spinge verso nuove storie, persone e situazioni. Sono in grado di adattarsi rapidamente a qualsiasi tema o argomento, e amano essere al centro delle situazioni per poter raccontare le notizie in modo coinvolgente.

2. Venditore: I Gemelli sono soliti essere persuasivi e carismatici. Queste abilità si traducono bene nel settore delle vendite, dove possono sfruttare la loro capacità di comunicazione eccezionale per persuadere i clienti e concludere affari. Possono eccellere nel contatto diretto con le persone, per esempio come rappresentanti di vendita o nei ruoli di marketing.

3. Insegnante: La mente dei Gemelli è sempre alla ricerca di nuove sfide intellettuali. L'insegnamento offre loro l'opportunità di apprendere continuamente

mentre condividono le proprie conoscenze con gli altri. Possono essere insegnanti dinamici ed energici, capaci di creare un'esperienza di apprendimento coinvolgente e divertente per i loro studenti.

4. Event planner: I Gemelli godono di organizzare e pianificare eventi. La loro capacità di adattarsi facilmente e di comunicare con diverse persone li rende degli ottimi organizzatori di eventi. Possono lavorare come wedding planner, organizzatori di eventi aziendali o come coordinatori di eventi speciali. La loro creatività e il desiderio di eccitazione si combinano bene in questo settore.

5. Scrittore: La mente dei Gemelli è costantemente in movimento, piena di idee e pensieri. Possono esprimere le loro idee attraverso la scrittura. Siano essi

autori di libri, blogger o giornalisti freelance, i Gemini possono trasmettere le loro idee in modo chiaro e coinvolgente.

6. Consulente per le risorse umane: I Gemelli sono estremamente intuitivi e, grazie alla loro naturale abilità di comunicazione, possono facilmente stabilire connessioni significative con le persone. Come consulenti per le risorse umane, possono aiutare le aziende a migliorare la comunicazione interna, a gestire le relazioni sul posto di lavoro e a creare un ambiente di lavoro efficace.

Il segno dei Gemelli ha una vasta gamma di opzioni di carriera che si adattano alla loro natura versatile e socievole. Possono eccellere in lavori che richiedono abilità comunicative, creatività e adattabilità. Sfruttando queste qualità, i Gemini possono trovare soddisfazione nel loro lavoro e raggiungere il successo personale e professionale.

Capitolo XXI

Lavori Ideali per il segno del Cancro

Il segno zodiacale del Cancro è noto per la sua sensibilità, la profonda empatia e la natura protettiva verso gli altri. Sono persone che si preoccupano molto del benessere degli altri e sono particolarmente attente alle emozioni e ai bisogni delle persone intorno a loro. Queste caratteristiche rendono i nativi del Cancro adatti a diversi tipi di lavoro, in cui possono sfruttare le loro qualità innate per aiutare gli altri.

Uno dei lavori ideali per i nativi del Cancro è il settore dell'assistenza sociale. La loro sensibilità e capacità di ascolto empatico si adattano perfettamente a ruoli come assistenti sociali, consiglieri o operatori di comunità. Essi sono in grado di stabilire connessioni profonde con le persone con cui lavorano, offrendo un sostegno emotivo e pratico per affrontare le sfide della vita. Inoltre, la loro intuizione e capacità di riconoscere i segnali non verbali possono aiutarli a risolvere i problemi in modo efficace.

I nativi del Cancro possono anche eccellere nel campo dell'educazione. La loro natura protettiva e la dedizione al benessere degli altri li rende adatti a ruoli come insegnanti o formatori. Sono in grado di creare un ambiente sicuro, sostenitivo e ispirante per gli studenti, incoraggiando il loro sviluppo emotivo e intellettuale. La loro attenzione ai dettagli e la pazienza li aiutano a comprendere le diverse esigenze degli studenti e a individuare le loro aree di forza.

Un'altra opzione di carriera adatta ai nativi del Cancro potrebbe essere quella di lavorare nel settore sanitario. La loro natura empatica e la capacità di mettersi nei panni degli altri li rende adatti a ruoli come infermieri, medici o terapisti. Essi sono in grado di fornire supporto emotivo e assistenza pratica alle persone in situazioni di malattia o difficoltà, contribuendo così al loro benessere generale. Inoltre, la loro dedizione e attenzione ai dettagli sono fondamentali nel settore sanitario, in cui ogni decisione può avere un impatto significativo sulla vita degli altri.

I naturali talenti artistici del segno del Cancro possono essere un'opportunità per lavorare nel campo delle arti e dell'intrattenimento. Sono spesso dotati di una grande creatività e capacità di esprimere le proprie emozioni attraverso mezzi come la pittura, la scrittura o la musica. Possono trovare realizzazione professionale come artisti, scrittori, musicisti o attori, in cui possono mettere in mostra le loro abilità e creare un impatto emotivo sulle persone.

Infine, i nativi del Cancro possono anche avere successo nel settore immobiliare o nella gestione degli affari. La loro attenzione ai dettagli e la dedizione al successo degli altri possono aiutarli a raggiungere risultati nel mondo degli affari. Inoltre, la loro natura protettiva fa sì che siano attenti alle esigenze dei clienti o dei dipendenti, creando un ambiente di lavoro salutare e soddisfacente per tutti.

In conclusione, i nativi del Cancro possono trovare realizzazione in diversi settori professionali che sfruttano le loro qualità innate di sensibilità, empatia e natura protettiva. Dall'assistenza sociale all'educazione, dal settore sanitario alle arti, essi possono dare un impatto positivo sulla vita degli altri attraverso il loro lavoro.

Capitolo XXII
Lavori Ideali per il Leone

Il segno zodiacale del Leone è noto per essere un segno intraprendente, ambizioso e sicuro di sé. Le persone nate sotto questo segno sono spesso carismatiche, creative e amano essere al centro dell'attenzione. Considerando queste caratteristiche, ci sono vari lavori che potrebbero essere ideali per un Leone. Vediamo insieme alcuni di questi:

1. Actor/attrice: I Leoni amano essere al centro dell'attenzione e hanno un talento naturale per interpretare ruoli. La recitazione è quindi un lavoro perfetto per loro, in quanto possono esprimere la propria creatività, carisma e talento davanti al pubblico.

2. Musicista: I Leoni hanno un'innata

passione per l'arte e l'espressione creativa. La musica offre un modo perfetto per combinare il loro amore per l'attenzione e la creatività. Possono eccellere come musicisti, cantanti o compositori, dando sfogo alla loro energia e al loro carisma attraverso le note.

3. Imprenditore: Il Leone è un segno molto ambizioso e sicuro di sé, quindi l'opportunità di creare e gestire la propria attività imprenditoriale potrebbe essere perfetta per loro. La determinazione e l'entusiasmo dei Leoni li rendono capaci di cogliere le opportunità e di realizzare grandi progetti.

4. Manager: I Leoni sono leader naturali. Sono carismatici, autoritari e sanno come prendere decisioni. Queste qualità li rendono adatti a ricoprire ruoli di management, in cui possono guidare e

ispirare gli altri verso il successo.

5. Presentatore televisivo: I Leoni amano essere al centro della scena e hanno una grande capacità di comunicazione. Le loro doti carismatiche e il desiderio di conquistarsi l'attenzione del pubblico rendono la professione di presentatore televisivo un'ottima scelta.

6. Coordinatore di eventi: La passione dei Leoni per la creatività, il desiderio di essere al centro dell'attenzione e la loro capacità di organizzare rendono questo lavoro un'opzione interessante per loro. Come coordinatori di eventi, possono mettere in mostra la loro abilità nell'organizzazione, nel coinvolgimento del pubblico e nella creazione di esperienze uniche.

7. Insegnante di

recitazione/arte/musicale: I Leoni amano condividere la loro passione e le loro competenze con gli altri. L'insegnamento della recitazione, dell'arte o della musica offre loro la possibilità di farlo, permettendo anche ai loro studenti di sviluppare le proprie capacità artistiche.

8. Avvocato: Data la loro naturale sicurezza in sé stessi e la capacità di difendere le proprie opinioni, i Leoni potrebbero eccellere nel campo legale come avvocati. Sono dotati di una forte presenza e possono affrontare con successo il palcoscenico di una sala d'udienza.

In conclusione, i Leoni sono adatti a una vasta gamma di lavori, grazie alla loro passione, alla sicurezza in sé stessi e al carisma naturale. La scelta del lavoro ideale per un Leone dipenderà anche da altri fattori come le loro competenze, le esperienze passate e le preferenze personali. Tuttavia, le opzioni sopra elencate forniscono una base per considerare quale possa essere il percorso professionale più adatto per i nati sotto il segno del Leone.

Capitolo XXIII
Lavori ideali per la Vergine

I lavori ideali per il segno zodiacale della Vergine

La Vergine è un segno zodiacale noto per la sua precisione, intelligenza e dedizione. I nativi di questo segno sono spesso attratti da lavori che richiedono un'attenzione ai dettagli, organizzazione e capacità analitiche. Inoltre, la Vergine è spesso guidata dalla ricerca della perfezione e desidera avere una carriera che le permetta di mettere in mostra queste qualità. Ecco alcuni lavori ideali per le persone nate sotto il segno della Vergine:

1. Analista finanziario: La Vergine è orientata alla logica e ha un grande

talento per l'analisi. Essere un analista finanziario può sfruttare al meglio queste caratteristiche. Questo lavoro richiede una capacità di mettere in ordine dati complessi, elaborare analisi dettagliate e prendere decisioni informate. La precisione e l'attenzione ai dettagli della Vergine saranno particolarmente apprezzate in questo campo.

2. Contabile: La natura organizzata della Vergine rende ideale il lavoro di contabile. I nativi di questo segno godono della routine e si sentono a loro agio con numeri e dettagli. Il loro occhio attento per gli errori e la capacità di elaborare informazioni finanziarie complesse saranno un grande vantaggio in questo lavoro. La Vergine è anche responsabile e precisa, qualità essenziali per lavorare con le finanze.

3. Editor: La Vergine ha una grande capacità di osservazione e un occhio critico per i dettagli. Queste qualità sono essenziali per un editor, che si occupa di revisionare e migliorare il lavoro degli altri. Essere un editor richiede attenzione ai dettagli, precisione grammaticale e una capacità di organizzare e sintetizzare informazioni. La Vergine darà sicuramente il meglio di sé in questo lavoro.

4. Ingegnere: La Vergine è nota per la sua abilità di problem solving e attenzione per i dettagli, rendendo l'ingegneria una buona scelta di carriera. L'ingegnere deve affrontare problemi complessi, analizzare dati e trovare soluzioni pratiche. Con la loro propensione all'organizzazione e alla precisione, la Vergine può eccellere in questo settore.

5. Istruttore di yoga: La Vergine è un segno di terra, e molte persone nate sotto questo segno amano trascorrere del tempo in natura e praticare lo yoga. Essere un istruttore di yoga può essere un'ottima opzione di carriera per la Vergine, che potrà combinare la sua passione per il benessere e la sua dedizione all'organizzazione. Gli istruttori di yoga devono creare programmi, pianificare le lezioni e guidare gli studenti, tutte competenze nelle quali la Vergine eccelle.

In conclusione, le caratteristiche principali del segno zodiacale della Vergine, come la precisione, l'attenzione ai dettagli e la dedizione, sono particolarmente adatte a lavori che richiedono una mente analitica e una buona organizzazione. I lavori ideali per le persone nate sotto questo segno includono l'analista finanziario, il contabile, l'editor, l'ingegnere e l'istruttore di yoga. Scegliere una carriera che si adatta alle caratteristiche innate di un individuo può contribuire al successo e alla soddisfazione sul posto di lavoro.

Capitolo XXIV
Lavori ideali per la Bilancia

Il segno zodiacale della Bilancia è noto per essere equilibrato, diplomatico e amante dell'armonia. Questi tratti di personalità rendono la Bilancia particolarmente adatta a alcuni tipi di lavoro. In questo articolo, esploreremo i lavori ideali per le persone nate sotto il segno della Bilancia e come possono sfruttare al meglio le loro abilità e talenti.

La Bilancia è un segno di aria, il che significa che sono molto socievoli, comunicativi e orientati alle relazioni interpersonali. Di solito sono abili nel comunicare con gli altri, sia verbalmente che non verbalmente, e hanno un talento naturale per la diplomazia e la mediazione. Queste abilità sono particolarmente preziose in professioni che richiedono una buona comunicazione e interazioni con gli altri.

Una delle migliori carriere per una persona nata sotto il segno della Bilancia è quella dell'avvocato o del giudice. La loro abilità nel vedere entrambi i lati di una questione e il desiderio di raggiungere un equilibrio e una giustizia equa li rendono particolarmente adatti per queste professioni. Inoltre, il loro carisma e la capacità di farsi strada attraverso situazioni delicate e complesse li rendono dei negoziatori naturali.

Un altro campo di lavoro ideale per una Bilancia è quello delle relazioni pubbliche o del marketing. Data la loro capacità di comunicazione efficace e il loro amore per l'armonia, sono in grado di costruire e mantenere relazioni positive con i clienti e il pubblico. Sono anche in grado di adattarsi facilmente a nuove situazioni e di trovare un equilibrio tra gli interessi dell'azienda e del pubblico.

Le Bilance possono anche eccellere nella consulenza o nel coaching. La loro capacità di comprendere i punti di vista degli altri e di offrire soluzioni equilibrate li rende dei consulenti molto efficaci. Possono aiutare gli altri a trovare un equilibrio tra lavoro e vita privata, a gestire il conflitto e a prendere decisioni importanti.

Date le loro abilità artistiche e la loro passione per l'estetica, le Bilance possono anche considerare una carriera nelle arti visive o nella moda. Potrebbero lavorare come stilisti, designer d'interni o fotografi. Il loro occhio per il dettaglio e il loro amore per l'armonia visiva si traducono in lavori creativi di successo in questi campi.

Infine, le Bilance possono considerare una carriera nell'insegnamento. La loro pazienza, il loro desiderio di equilibrio e la capacità di comunicare in modo efficace li rendono dei bravi insegnanti. Possono ispirare e guidare gli studenti verso il successo, fornendo loro un ambiente di apprendimento equilibrato ed educativo.

Il segno zodiacale della Bilancia ha molte qualità positive che possono essere sfruttate in diversi campi di lavoro. Le persone nate sotto questo segno si distinguono per la loro diplomazia, la loro capacità di comunicazione e il loro desiderio di equilibrio. Scegliere una carriera che valorizzi queste qualità permetterà loro di dare il meglio di sé e di raggiungere il successo professionale.

Capitolo XXV
Lavori ideali per lo Scorpione

Gli individui nati sotto il segno zodiacale dello Scorpione sono noti per la loro natura intensa, determinata e passionalmente impegnata. Questi tratti distintivi si riflettono anche nelle loro preferenze lavorative e nelle loro aspirazioni professionali. In questo articolo, esploreremo in dettaglio i lavori ideali per coloro che sono nati sotto il segno dello Scorpione.

1. Investigatore privato: Guidati da un irresistibile desiderio di indagare e scoprire la verità, gli Scorpione sono perfetti per il ruolo di investigatori privati. La loro determinazione, la loro attenzione ai dettagli e la loro natura riservata permettono loro di eccellere in questo

campo che richiede pazienza e dedizione.

2. Psicologo: Gli Scorpione sono noti per la loro grande abilità di osservazione e la loro inclinazione a comprendere la psicologia umana. Questo li rende adatti a lavori nel campo della psicologia, come terapeuti, consulenti o addirittura psicologi forensi. La loro capacità di affrontare argomenti complessi e la loro natura empatica li rendono perfetti per aiutare gli altri a superare le loro sfide emotive.

3. Avvocato: Grazie alla loro passione ardente e alla loro natura combattiva, gli Scorpione trovano soddisfazione nel ruolo di avvocato. La loro abilità nell'analizzare le prove e nel costruire argomentazioni solide, unita alla loro intuizione acuta, li rende efficaci nel difendere cause giusti e combattere per la giustizia.

4. Ricercatore scientifico: La curiosità innata degli Scorpione li spinge a esplorare l'ignoto e a fare scoperte significative. La loro mente critica e il loro desiderio di comprendere i misteri del mondo li rendono adatti per lavori nel campo della ricerca scientifica. Possono eccellere come biologi, chimici o astrofisici, contribuendo in modo significativo al progresso della scienza.

5. Manager aziendale: Gli Scorpione sono noti per la loro ambizione e il loro desiderio di ottenere il successo. Questo li rende adatti per assumere ruoli di leadership come manager aziendali. La loro determinazione e la loro abilità nel gestire le persone li aiutano a guidare con fermezza e raggiungere gli obiettivi del loro team.

6. Artista: Nonostante la loro natura

riservata, gli Scorpione possiedono un lato creativo e passionale. Sono inclini a esprimersi attraverso l'arte e spesso eccellono nelle forme di espressione come la pittura, la scrittura o la musica. L'arte permette loro di canalizzare le loro emozioni profonde e di comunicare sentimenti complessi in modo unico e coinvolgente.

I nati del segno dello Scorpione sono individui intensi, determinati e appassionati, il che li rende adatti a una vasta gamma di carriere. Sono spinti dall'obiettivo di scoprire e capire il mondo che li circonda, e le loro abilità e tratti unici li distinguono nei diversi ambiti lavorativi menzionati. Che si tratti di diventare investigatori privati, psicologi, avvocati, ricercatori scientifici, manager aziendali o artisti, gli Scorpione troveranno la soddisfazione professionale di cui hanno bisogno per sfruttare appieno il loro potenziale.

Capitolo XXVI
Lavori ideali per il Sagittario

Il segno zodiacale dello Sagittario è noto per la sua natura avventurosa, entusiasta e ottimista. Le persone nate sotto questo segno sono spesso orientate verso il futuro, curiose e desiderose di nuove esperienze. In ambito lavorativo, lo Sagittario cerca costantemente sfide e opportunità di crescita personale.

Grazie alla loro intraprendenza e al loro amore per l'avventura, le professioni ideali per gli individui appartenenti a questo segno sono spesso legate ai viaggi, alla ricerca o a campi in cui possono esprimere la loro creatività. Ecco alcuni lavori che potrebbero interessare particolarmente ai nativi dello Sagittario:

1. Giornalista o scrittore di viaggi: Lo Sagittario ha una grande passione per l'esplorazione e l'apprendimento di nuove culture. La scrittura e il giornalismo di viaggi offrono l'opportunità di condividere le proprie esperienze di viaggio e di ispirare gli altri. Questa professione permette anche di continuare a imparare e scoprire nuove destinazioni, soddisfacendo l'innata curiosità dello Sagittario.

2. Insegnante o educatore: Lo Sagittario è noto per la sua natura generosa e ottimista. Essere un insegnante o un educatore permette a questa personalità di condividere la sua conoscenza e di ispirare altri individui. L'insegnamento offre l'opportunità di mostrare il mondo agli altri e aiutarli nella loro crescita personale.

3. Ambito sportivo o avventuroso: Le persone nate sotto questo segno amano gli sport e le attività che richiedono impegno fisico. Può essere una professione come ad esempio guida escursionistica, addestratore di cavalli o persino un atleta professionista. Lavorare in un campo che coinvolga attività all'aria aperta e sfide fisiche soddisfa l'anima avventurosa dello Sagittario.

4. Inseguire una carriera nel settore legale: Lo Sagittario è noto anche per la sua natura impulsiva e guidata dalla giustizia. Un lavoro nel campo del diritto può soddisfare la sua sete di giustizia e dare un senso di avventura attraverso la risoluzione di casi stimolanti. Può essere un avvocato, un giudice o un investigatore privato.

5. Imprenditore: Grazie alla loro natura

intraprendente e fiduciosa, gli individui dello Sagittario spesso si sentono attraenti dall'idea di avviare la propria attività imprenditoriale. Il lavorare per conto proprio permette loro di esprimere la loro creatività, di assumere rischi e di perseguire le loro passioni in modo indipendente.

6. Carriera nel settore delle comunicazioni: Lo Sagittario è noto per essere un ottimo comunicatore. Possono lavorare nel settore della pubblicità, del marketing o dei media, sfruttando le loro capacità di comunicazione e di creazione di connessioni con il pubblico.

In conclusione, il segno zodiacale dello Sagittario è caratterizzato dalla sua natura avventurosa, curiosa e ottimista. Le persone nate sotto questo segno sono spesso alla ricerca di lavori che offrano sfide ed esperienze nuove. Le professioni ideali includono giornalismo di viaggio, insegnamento, attività sportive o avventurose, campo legale, imprenditoria e settore delle comunicazioni. Indipendentemente dalla scelta della carriera, gli individui Sagittario si sentiranno realizzati quando potranno mettere in pratica la loro passione, creatività e amore per l'avventura nel loro lavoro.

Capitolo XXVII
Lavori ideali per il Capricorno

Il segno zodiacale del Capricorno è noto per essere ambizioso, pratico e determinato. Le persone nate sotto questo segno sono spesso molto disciplinate e lavorano sodo per raggiungere i loro obiettivi. Sono anche molto responsabili e affidabili, il che li rende dei lavoratori ideali in molti settori diversi.

Una delle carriere più adatte al segno zodiacale del Capricorno è quella di manager o leader di un'organizzazione. La loro naturale attitudine per l'organizzazione e la pianificazione rende il Capricorno una scelta eccellente per un ruolo di gestione. Sono in grado di prendere decisioni pratiche e razionali e di motivare gli altri con il loro approccio metodico. La loro abilità di lavorare sotto pressione e di gestire situazioni difficili è anche un vantaggio quando si tratta di guidare un team.

Inoltre, il Capricorno è noto per essere un lavoratore molto diligente e meticoloso, che rende il campo della finanza un'opzione ideale per loro. Sono in grado di analizzare i dati in modo accurato e attento, prendere decisioni informate e raggiungere risultati concreti. Possono avere successo come contabili, consulenti finanziari o analisti di investimento.

Il settore immobiliare è anche un'ottima scelta per il segno zodiacale del Capricorno. La loro naturale inclinazione a essere responsabili e organizzati li aiuta a eccellere in questo campo. Hanno una buona capacità di negoziazione e sono in grado di valutare le situazioni in modo pragmatico, il che è essenziale quando si tratta di vendere o acquistare una proprietà. Possono anche avere un occhio per i dettagli, che è cruciale nella valutazione di proprietà e attività.

Un'altra opzione di carriera ideale per il Capricorno è nel settore della sanità. Le loro abilità di precisione e l'attenzione ai dettagli sono essenziali in questo campo. Possono eccellere come medici, infermieri o ricercatori. La naturale perseveranza del Capricorno può aiutarli a superare le sfide e a raggiungere il successo nella cura dei pazienti o nella ricerca di nuove cure.

Infine, il Capricorno ha anche una predisposizione per il settore del diritto. La loro naturale attitudine all'ordine e alla logica li rende dei professionisti legali eccellenti. Possono rappresentare con sicurezza i loro clienti, analizzare dettagliatamente le prove e prendere decisioni razionali. Possono avere successo come avvocati, giudici o investigatori.

In conclusione, il segno zodiacale del Capricorno ha molte opzioni di carriera adatte a causa delle sue caratteristiche distintive. La determinazione, la responsabilità e la capacità di lavorare sodo del Capricorno lo rendono un lavoratore ideale in molti settori diversi. Da leader di un'organizzazione a professionisti finanziari, agenti immobiliari, professionisti sanitari o legali, il Capricorno può avere successo in molti ambiti professionali grazie al suo approccio pragmatico e organizzato.

Capitolo XXVIII
Lavori ideali per l'Acquario

L'Acquario è il segno l' undicesimo segno zodiacale, le persone nate sotto questo segno sono note per la loro creatività, intuizione e spirito indipendente. Sono spesso considerate dei pionieri e amano fare le cose a modo loro. Per questo motivo, ci sono alcune professioni che sembrano adattarsi particolarmente bene alle caratteristiche dell'acquario. In questo articolo, esploreremo alcune di queste professioni e cercheremo di capire perché possono essere considerate come lavori ideali per i nati sotto questo segno.

Una delle professioni più adatte per gli acquario è quella dell'artista. La loro enorme creatività e immaginazione illimitata li rende perfetti per lavori come pittori, scultori, fotografi o registi. Gli acquario amano esprimere se stessi attraverso forme d'arte e riescono a vedere il mondo da un punto di vista unico. Possono anche essere persone molto curiose e amano esplorare nuove tecniche e modi per creare. Questo fa sì che l'arte sia una scelta naturale per loro.

Un'altra professione adatta agli acquario è quella dell'insegnante. La loro capacità di pensiero fuori dagli schemi e la loro apertura mentale li rendono ottimi insegnanti. Possono trasmettere le loro conoscenze in modo coinvolgente e stimolante, riuscendo così a ispirare gli studenti. Gli acquario amano anche scavare più in profondità nelle cose e possono incoraggiare i loro studenti a fare lo stesso. Possono essere anche molto pazienti e dare valore al pensiero critico e all'indipendenza degli studenti. Questo rende l'insegnamento una scelta eccellente per i nati sotto questo segno.

Un'altra professione che potrebbe attirare gli acquario è quella del ricercatore scientifico. Gli acquario sono noti per la loro sete di conoscenza e la loro curiosità. Sono attratti dalla scienza e sono sempre pronti a mettere in discussione le teorie esistenti e a scoprire nuove scoperte. Possono essere abili nell'analisi dei dati e nella formulazione di ipotesi, e amano il processo di ricerca. La psicologia, la fisica, la biologia e l'astronomia sono solo alcune delle aree scientifiche in cui l'acquario potrebbe trovare successo.

Infine, una professione che potrebbe adattarsi bene agli acquario è quella dell'attivista o del volontario. Gli acquario amano l'idea di fare del bene alla società e di migliorare il mondo in cui viviamo.

Sono persone molto aperte e umane e spesso si preoccupano per la giustizia sociale e le questioni ambientali. Gli acquario lavorano bene in gruppo e amano unirsi ad altre persone per realizzare cambiamenti positivi. Possono essere molto energici e pronti a lottare per ciò in cui credono.

Gli acquario possono trovare soddisfazione in una varietà di professioni grazie alla loro creatività, intuizione e spirito indipendente. Sono spesso attratti da lavori artistici, insegnamento, ricerca scientifica e attivismo. Ma queste sono solo alcune delle opzioni, e alla fine ciò che conta è che un acquario trovi una carriera in cui possa esprimere se stesso e mettere a frutto le sue migliori qualità.

Capitolo XXIX
Lavori ideali per I Pesci

I Pesci sono il dodicesimo segno dello zodiaco e sono noti per la loro sensibilità, intuizione e creatività. Sono spesso considerati sognatori e hanno una profonda connessione con il mondo emotivo e spirituale. Proprio per queste caratteristiche, i Pesci si trovano maggiormente realizzati in lavori che permettono loro di esprimere la loro creatività e di dedicarsi a cause che ritengono importanti.

Un'opzione di lavoro ideale per i Pesci potrebbe essere nel campo delle arti e dell'intrattenimento. La loro natura sensibile e la loro capacità di immergersi in mondi fantastici li rendono degli ottimi attori, musicisti o scrittori. Possono trovare grande soddisfazione nel creare opere d'arte che ispirano ed emozionano gli altri. La loro intuizione e capacità di comprendere profondamente le emozioni umane li rendono anche dei terapeuti efficaci, sia fisicamente che emotivamente.

I Pesci sono anche inclini a lavori che coinvolgono l'aiuto agli altri e la difesa delle cause umanitarie. Possono trovare realizzazione lavorando in organizzazioni non profit o nel campo del servizio sociale. La loro empatia e compassione sono strumenti preziosi per aiutare coloro che hanno bisogno di sostegno e assistenza. Possono essere assistenti sociali, medici, infermieri o counselor, offrendo un orecchio empatico per ascoltare e guidare gli altri verso il benessere.

Data la loro profonda connessione con il mondo spirituale, i Pesci potrebbero anche trovare realizzazione lavorando nel campo dell'astrologia, della cartomanzia o della meditazione. La loro intuizione innata e la capacità di percepire le energie sottili li rendono dei consiglieri molto ricercati. Possono aiutare gli altri a comprendere meglio se stessi e a connettersi con il loro scopo di vita.

Un altro lavoro ideale per i Pesci potrebbe essere nel campo della cura dell'ambiente o della salvaguardia degli animali. Essendo molto sensibili, possono sentire profondamente il dolore degli esseri viventi e fare tutto il possibile per proteggerli. Possono essere attivisti per i diritti degli animali, lavorare in riserve naturali o collaborare con organizzazioni ambientali per proteggere l'ecosistema.

Da considerare anche il ruolo di insegnante o guida spirituale. I Pesci hanno una saggezza innata e una capacità di vedere al di là delle apparenze superficiali. Possono condividere le loro conoscenze e ispirare gli altri ad aprirsi alle loro capacità e potenzialità nascoste.

Insomma, i Pesci trovano la loro realizzazione lavorando in settori che permettono loro di esprimere la loro sensibilità e di fare la differenza nella vita degli altri. Siano essi musicisti, artisti, terapeuti, attivisti o insegnanti, i Pesci sono destinati a lasciare un segno positivo nel mondo.

Capitolo XXX

Il segno dell'Ariete, governato dal pianeta Marte, è noto per la sua passione, energia e determinazione. Gli Arieti sono persone avventurose, intraprendenti e socievoli, il che li rende estremamente attraenti e stimolanti come amanti e amici.

Quando si tratta dell'amore, gli Arieti sono conosciuti per essere appassionati e intensi. Non hanno paura di prendere l'iniziativa e di fare il primo passo per conquistare la persona che gli interessa. La loro intraprendenza e sicurezza li rendono forti amanti, pronti a lottare per il loro amore e a difendere la loro relazione.

Gli Arieti sono anche persone molto oneste e dirette. Non si preoccupano di nascondere i loro sentimenti e sono aperti riguardo ai propri desideri e bisogni. Questo attributo può renderli confrontanti e diretti nella comunicazione, ma allo stesso tempo li rende trasparenti e sinceri. Un partner di un Ariete può sempre aspettarsi di sapere dove si sta mettendo piede in quanto a sentimenti e intenzioni.

Tuttavia, a volte gli Arieti possono essere impulsivi e impazienti, il che può portare a situazioni in cui fanno scelte precipitose o prese di posizione senza pensarci bene. Questo può essere un punto di tensione in una relazione, specialmente se l'altro partner è più riflessivo e prudente. Gli Arieti dovrebbero imparare ad ascoltare gli altri e a rallentare quando si tratta di prendere decisioni importanti.

Per quanto riguarda l'amicizia, gli Arieti sono socievoli e amanti del divertimento.

Amano stare in compagnia e sono disponibili per nuove avventure e attività. Sono pronti ad andare all'ultima festa o ad organizzare un viaggio improvvisato. Questa energia contagiosa fa sì che le persone cercano la loro compagnia e li considerano degli amici divertenti e stimolanti.

Tuttavia, come in una relazione romantica, gli Arieti possono essere dominanti e aver bisogno di avere il controllo nelle amicizie. Possono diventare frustrati se il gruppo di amici non segue i loro piani o se le opinioni degli altri contrastano con le loro idee. Gli Arieti dovrebbero fare uno sforzo per ascoltare e rispettare le opinioni degli altri, imparando a bilanciare il loro desiderio di leadership con la necessità di avere un dialogo aperto e rispettoso.

Il segno dell'Ariete è un appassionato amante e un amico entusiasta e avventuroso. Mentre può essere dominante ed impulsivo, il suo lato positivo sta nella sua sicurezza e sincerità. Se cercate una relazione o un'amicizia entusiasmante e carica di energia, gli Arieti saranno sicuramente in grado di offrirti tutto ciò che cerchi.

Capitolo XXXI

I nati sotto il segno del Toro sono noti per il loro attaccamento ai valori tradizionali, la loro fedeltà e la loro natura affettuosa. Quindi, quando si tratta di amore e rapporti amici, i Toro hanno molto da offrire.

Nel campo dell'amore, i Toro sono stabili, fedeli e dedicati al partner. Sono molto realistici nella loro approccio alle relazioni e tendono a essere persone di parola. I Toro amano costruire relazioni solide e durature, ed è raro che si lascino coinvolgere in relazioni superficiali. La sicurezza e la stabilità sono elementi fondamentali per loro, quindi cercano un partner che sia affidabile e che possa offrire loro stabilità emotiva.

I Toro sono noti per la loro natura

sensuale e il loro atteggiamento lussurioso verso l'amore. Apprezzano i piaceri fisici e cercano un partner con il quale possano godere appieno le delizie del corpo. Sono molto generosi nella loro intimità e cercano di soddisfare anche i bisogni del loro partner.

Tuttavia, i Toro possono essere ostinati e possessivi. Quando si legano emotivamente a qualcuno, possono diventare gelosi e possessivi, volendo tenere il partner tutto per sé. Hanno bisogno di imparare a fidarsi e a lasciare che il partner abbia il suo spazio.

Quando si tratta di rapporti amici, i Toro sono considerati grandi amici. Sono leali e affidabili, pronti a supportare i loro amici in ogni momento. I Toro sono spesso la roccia del gruppo di amici, offrendo consigli pratici e tranquillità quando necessario.

Tuttavia, i Toro possono essere testardi e rischiano di aggrapparsi alle loro convinzioni, anche se sbagliate. Questo può portare a conflitti con gli amici, ma il Toro è disposto a fare tutto il possibile per risolvere le divergenze e mantenere la pace.

I Toro sono anche noti per il loro amore per il cibo e il divertimento. Possono essere i primi a organizzare una cena o una festa a casa, e i loro amici sanno che possono contare su di loro per un pasto gustoso e dell'ottima compagnia.

In sintesi, i Toro sono anime fedeli e concrete. Sono amanti appassionati, pronti a costruire una relazione solida e duratura con un partner che condivide i loro stessi valori. Negli amici, i Toro offrono affetto e la loro natura stabile, rendendoli leali e affidabili. I Toro possono essere testardi a volte, ma sono sempre disposti a fare tutto il possibile per mantenere la pace e risolvere conflitti con i loro cari.

Capitolo XXXII

Il segno del Gemelli è noto per la sua natura socievole e comunicativa, e questo si riflette anche nella sua vita amorosa e nelle amicizie. I Gemelli sono estremamente affascinanti, affabili e brillanti, ed è difficile resistere al loro fascino magnetico. Sono aperti a nuove esperienze e a esplorare il mondo intorno a loro, il che li rende partner emozionanti e amici divertenti.

Quando si tratta di relazioni romantiche, i Gemelli possono essere molto affascinanti, ma possono anche essere insicuri e incostanti. Il loro desiderio di esplorare e sperimentare può renderli impazienti e inclini a perdere facilmente interesse per una persona o una relazione. Tuttavia, se riesci a catturare il cuore di un Gemelli, saranno estremamente devoti e affettuosi.

I Gemelli amano comunicare e sono in grado di mantenere una conversazione interessante in qualsiasi situazione. La loro natura intellettuale e la loro sete di conoscenza li rendono partner stimolanti a livello mentale. Proprio come il loro segno rappresenta i gemelli, i Gemelli possono avere due diverse personalità in una sola. Sono noti per il loro dualismo, che si traduce spesso in un atteggiamento contraddittorio all'interno delle relazioni. Possono essere tanto amorevoli e calorosi quanto distanti e freddi, all'interno dello stesso giorno.

I Gemelli amano essere circondati da persone e hanno una vasta cerchia di amici. In quanto segno dell'elemento aria, sono estremamente socievoli e possono facilmente stringere nuove amicizie. Sono sempre alla ricerca di stimoli ed eccitazione, e questo si riflette anche nella scelta dei loro amici. I Gemelli amano gli amici che possono tenergli testa in una conversazione e con cui possono condividere nuove esperienze ed emozioni.

Tuttavia, i Gemelli possono essere piuttosto volubili e instabili nella loro amicizia. Possono passare facilmente da essere amici intimi a considerarti solo un conoscente. La loro natura mutevole li rende un po' imprevedibili, ma anche affascinanti nell'amicizia. I Gemelli sono divertenti, intelligenti e affascinanti, ma possono anche essere esigenti e sensitive.

Per mantenere un rapporto amicale con un Gemelli, è importante offrire loro stimoli costanti e mantenerli interessati. Essere pronti a sperimentare nuove attività e mantenerli coinvolti in conversazioni accattivanti è fondamentale per mantenere viva l'amicizia con un Gemelli.

Il segno del Gemelli è conosciuto per la sua natura affascinante e comunicativa, sia nelle relazioni romantiche che nelle amicizie. I Gemelli possono essere imprevedibili, ma se sei in grado di affrontare il loro dualismo e offrire loro stimoli costanti, avrai partner romantici emozionanti e amici divertenti.

Capitolo XXXIII

Il segno zodiacale del Cancro, regolato dalla Luna, è noto per la sua natura empatica ed emotiva. Le persone nate sotto questo segno sono spesso sensibili, affettuose e molto attente alle necessità degli altri. L'amore e i rapporti amici per un Cancro sono estremamente importanti e significativi, poiché cercano di creare connessioni profonde ed emotive con gli altri.

In amore, un individuo del segno del Cancro cerca una relazione stabile e appagante. Sono romantici nel cuore e sono disposti a fare tutto il possibile per rendere il loro partner felice. Sono anche molto fedeli e leali, e una volta che si sono impegnati in una relazione, si aspettano lo stesso impegno in cambio.

Un Cancro ama dimostrare affetto e coccolare il proprio partner, giocando il ruolo di "genitore" nella relazione, protettivo e premuroso. Sono anche molto intuibili e spesso possono percepire i sentimenti degli altri anche prima che siano espressi.

Tuttavia, i Cancro possono mostrare anche un lato più insicuro e possessivo in amore. Amano avere sicurezza nelle relazioni e possono diventare molto insicuri se si sentono trascurati o se temono che il loro partner possa tradirli emotivamente. Hanno bisogno di molta rassicurazione e di essere costantemente nutriti con affetto e amore per mantenere viva la loro relazione.

Per quanto riguarda i rapporti amici, un Cancro è conosciuto come l'amico di cui ci si può sempre fidare. Sono molto empatici e pronti a sostenere i loro amici in ogni situazione. Saranno lì per ascoltare e dare consigli quando necessario. Sono anche molto attenti alle emozioni degli altri e possono captare facilmente quando un amico sta affrontando una situazione difficile. Hanno la capacità di creare un ambiente sicuro e protetto per i loro amici, dove possono essere se stessi senza paura di giudizi o critiche.

Un Cancro cerca rapporti amici duraturi e profondi. Possono essere piuttosto selettivi nella scelta dei loro amici, preferendo pochi e intimi legami piuttosto che una vasta cerchia di conoscenze superficiali. La famiglia e gli amici sono di estrema importanza per un Cancro e faranno tutto il possibile per sostenerli e proteggerli. Possono essere degli amici molto devoti e possono diventare il punto di riferimento per gli altri, offrendo un'orecchio attento e un consiglio sincero.

È importante notare che ogni individuo è unico, quindi queste caratteristiche possono variare da persona a persona. Tuttavia, il Cancro è generalmente noto per la sua dedizione e la sua volontà di creare legami profondi e significativi sia in amore che nel rapporto di amicizia.

Capitolo XXXIV

Il segno del Leone è conosciuto per essere coraggioso, leale e generoso. Queste caratteristiche possono avere un impatto significativo sui rapporti amorosi e amicali di un Leone. In questo articolo, esploreremo come l'amore e i rapporti amici siano influenzati dal segno del Leone e come possono costruire relazioni positive.

In amore, il Leone è un segno molto appassionato e affettuoso. Sono estremamente leali e pronti a dare tutto se stessi alla persona che amano. Gli individui del segno del Leone spesso amano stare al centro dell'attenzione e amano essere lodati e apprezzati dal loro partner. La loro natura orgogliosa può talvolta renderli un po' egocentrici, tendendo a volere tutto per sé stessi. Tuttavia, sono anche estremamente generosi e disposti a fare qualsiasi cosa per far felice il proprio partner.

Un Leone in una relazione romantica ricerca l'amore vero e duraturo. Sono pronti a voler sedurre e conquistare il cuore del loro partner, ma una volta che hanno trovato l'amore, diventano dei partner fedeli e affidabili. La loro calda natura li rende estremamente dolci e affettuosi, ma anche possesivi e protettivi. Non tollerano la disonestà o il tradimento e sono molto sbalorditivi quando vengono feriti. Un Leone ha bisogno di una relazione in cui venga costantemente nutrito il suo ego e in cui si senta apprezzato e amato.

Nel contesto dei rapporti amicali, i leoni sono noti come grandi leader e organizzatori. Sono spesso al centro delle conversazioni e delle attività di un gruppo, poiché catturano l'attenzione delle persone con il loro carisma e la loro sicurezza. Gli amici del Leone apprezzano la loro lealtà, la loro dedizione e l'entusiasmo che mettono in ogni cosa che fanno. Tuttavia, a volte i leoni possono essere dominanti e cercare di attirare l'attenzione solo su di sé. Sono molto protettivi dei loro amici e sono pronti a difenderli in qualsiasi circostanza.

Un Leone è spesso circondato da molti amici, ma tende a essere selettivo nel scegliere le persone con cui si circonda. Sono alla ricerca di compagni fidati e sinceri, che siano disposti a fare qualsiasi cosa per sostenerli. I leoni cercano amicizie che offrano stimoli intellettuali e che possano affrontare le loro discussioni intense. Amano divertirsi e intrattenere gli altri, ed è importante per loro essere circondati da persone che apprezzano la loro personalità luminosa e solare.

Per i leoni, l'amore e le amicizie sono aspetti fondamentali della loro vita. Sono veramente appassionati delle relazioni che costruiscono e mettono sempre il massimo impegno nel creare legami duraturi. La loro lealtà e generosità sono apprezzate dai loro cari, che spesso si sentono privilegiati ad avere un Leone come partner o amico. Tuttavia, i leoni devono ricordarsi di bilanciare il loro desiderio di essere al centro dell'attenzione con l'ascolto e l'attenzione verso gli altri. Solo così riusciranno a creare relazioni sincere e soddisfacenti.

Capitolo XXXV

La Vergine è nota per essere un segno di terra che tende ad essere pratico e razionale in molte aree della vita, compreso l'amore e i rapporti amicizia. Tuttavia, ciò non significa che i nativi della Vergine non possano amare profondamente o avere forti legami di amicizia. In effetti, quando si tratta di amore e amicizia, i vergini spesso mostrano grandi attenzione ai dettagli e un senso di responsabilità, offrendo stabilità e affidabilità ai loro cari.

Per gli individui nati sotto il segno della Vergine, l'amore è un affare serio. Essi non si precipitano in relazioni superficiali o avventurose, ma piuttosto si prendono il tempo di conoscere un potenziale partner su tutti i livelli. Sono persone molto pratiche e valutano attentamente le caratteristiche e i valori di un partner prima di impegnarsi in modo emotivo. La Vergine è anche un segno che apprezza l'ordine e la pulizia, quindi un partner organizzato e pulito sarà particolarmente attraente per loro.

La Vergine ama la stabilità, quindi quando trovano una persona che ritengono degna del loro amore, cercheranno di costruire una relazione solida e duratura. Tuttavia, possono essere critici e perfezionisti, aspettandosi che il loro partner incontri gli standard elevati che si sono posti per sé stessi. Ciò può creare tensioni all'interno di una relazione se la Vergine diventa troppo critica o esigente. È importante che imparino ad accettare i difetti degli altri e a non cercare sempre la perfezione.

Quando si tratta di amicizia, i nativi della Vergine sono altrettanto selettivi riguardo alle persone che scelgono di avere accanto a sé. Preferiscono amicizie solide e significative piuttosto che una vasta rete di conoscenze superficiali. Hanno un forte senso di giustizia e cercano amici onesti e affidabili con cui condividere i loro interessi e valori. Anche se possono sembrare un po' distanti e riservati all'inizio, una volta che si aprono a qualcuno, si rivelano amici leali e devoti.

Un'amicizia con un nativo della Vergine sarà caratterizzata da discussione e analisi approfondite, poiché i vergini amano esplorare nuovi argomenti e apprendere continuamente. Sono anche maestri nell'organizzazione e saranno lì per aiutare i loro amici a pianificare eventi o risolvere problemi pratici. Spesso cercano di migliorare l'esperienza dei loro amici fornendo consigli utili e pratici.

In sintesi, il segno della Vergine può portare un approccio pratico e razionale all'amore e alle relazioni di amicizia. Sono individuali selettivi che cercano stabilità e affidabilità nei loro partner e amici. Mentre possono essere critici e perfezionisti, è importante che imparino a praticare la compassione e a non essere troppo esigenti. Quando riescono a farlo, possono costruire relazioni amorevoli e amicizie durature basate su fiducia e sostegno reciproco.

Capitolo XXXVI

La Bilancia è conosciuta come il segno della Bilancia nel sistema zodiacale. Le persone nate sotto questo segno sono spesso amichevoli, diplomatiche e appassionate. Per loro, gli amici sono un aspetto importante della loro vita e attribuiscono grande valore alla connessione e all'armonia nelle relazioni.

Quando si tratta di amicizie, i nativi della Bilancia sono spesso molto aperti e socievoli. Sono maestri nell'arte della comunicazione e sono in grado di stringere amicizie facilmente. Sono molto attenti alle esigenze degli altri e possono essere molto gentili e premurosi con i loro amici. Hanno un forte senso dell'equilibrio e cercano di creare armonia e stabilità nelle loro relazioni.

I nativi della Bilancia sono noti per essere diplomatici e amanti della pace. Cercheranno sempre di risolvere i conflitti e cercare il compromesso nelle loro amicizie. Eviteranno i conflitti aperti e si sforzeranno di mantenere un ambiente armonioso tra di loro e i loro amici. Questo li rende persone popolari e amate nella loro cerchia di amici.

Essendo governati dal pianeta Venere, i nativi della Bilancia sono anche innamorati dell'amore. Adorano le relazioni romantiche e sono molto romantici di natura. Cercheranno sempre di mantenere l'equilibrio e l'armonia nelle loro relazioni romantiche.

La natura comprensiva e compassionevole dei nativi della Bilancia li rende ottimi partner. Sono attenti e si preoccupano profondamente delle esigenze e dei desideri del loro partner. Tuttavia, possono anche essere indecisi e possono impiegare molto tempo per prendere decisioni importanti nella loro vita amorosa.

I nativi della Bilancia hanno bisogno di un partner che possa soddisfare le loro esigenze emotive e intellettuali. Amano avere conversazioni profonde e significative con il loro partner e apprezzano la compatibilità emotiva. Sono affascinati da persone intelligenti e creative.

Tuttavia, essere così attenti alle esigenze degli altri può spesso mettere a disagio i nativi della Bilancia. Hanno paura di ferire i sentimenti degli altri e a volte possono trattenersi dal dire la verità per evitare conflitti. Questo può creare tensione nelle loro relazioni, in particolare quando non esprimono i propri bisogni e desideri.

Per avere una relazione equilibrata con un nativo della Bilancia, è importante essere onesti e aperti nella comunicazione. Dovrebbero sentirsi liberi di esprimere le proprie emozioni e aspettative, in modo che possano lavorare insieme per mantenere un legame sano e armonioso.

In conclusione, i nativi della Bilancia sono persone amichevoli, diplomatiche e compassionate che attribuiscono grande valore alle relazioni. Essi cercano di creare armonia e stabilità nelle loro amicizie e relazioni romantiche. Tuttavia, è importante per loro trovare un equilibrio tra le esigenze degli altri e le proprie esigenze per mantenere una relazione sana e appagante.

Capitolo XXXVII

Il segno zodiacale dello Scorpione, che copre le date di nascita tra il 23 ottobre e il 21 novembre, è noto per la sua forte intensità emotiva e la sua passionalità. Coloro che sono nati sotto questo segno spesso portano con sé una serie di caratteristiche che possono influenzare il modo in cui si rapportano all'amore e alle amicizie.

Per prima cosa, gli individui dello Scorpione tendono ad essere estremamente fedeli alle persone che amano. Una volta che si sono affezionati a qualcuno, sono disposti a fare qualsiasi cosa per proteggerlo e sostenerlo. Sono notoriamente protettivi nei confronti dei loro cari e sono sia pazienti che generosi con loro. Questa qualità li rende ottimi amici e partner romantici, in quanto sono sempre pronti a offrire il proprio sostegno e aiuto.

Tuttavia, gli Scorpioni possono anche essere molto gelosi e possessivi. La loro intensità emotiva può portarli a diventare ossessionati dalle persone a cui tengono e si aspettano un impegno completo e totale in cambio. Questo può rappresentare una sfida per le persone che cercano di stringere amicizie o relazioni romantiche con uno Scorpione, in quanto possono sentirsi soffocati o limitati dalla loro tendenza a voler controllare ogni aspetto della loro interazione.

In amore, gli Scorpioni sono conosciuti per essere molto appassionati e sensuali. Dedicano molto del loro tempo ed energia alla soddisfazione del loro partner e cercano una connessione profonda con l'altra persona. Sono disposti ad esplorare ogni aspetto della relazione e possono essere molto intensi nel dare e cercare affetto e piacere fisico. Tuttavia, possono anche essere emotivamente instabili e possono passare da estremi di amore e attenzione a freddo distacco in un batter d'occhio.

Quando si tratta di amicizia, gli Scorpioni preferiscono avere pochi amici intimi piuttosto che una vasta cerchia di relazioni superficiali. Sono diffidenti e selettivi nel fare amicizia, ma una volta che avete guadagnato la loro fiducia, diventeranno estremamente fedeli e affezionati. Gli amici dello Scorpione sono considerati dei veri e propri confidenti e possono essere contati in ogni momento di bisogno.

Tuttavia, essi possono essere anche molto vendicativi e possono tenere rancore nei confronti di coloro che li tradiscono o li feriscono. Gli Scorpioni non dimenticano facilmente e possono essere molto testardi nel perdonare. Ciò può mettere a dura prova le amicizie e le relazioni di amore e richiede una grande dose di pazienza e comprensione da parte degli altri.

Gli individui dello Scorpione sono intensi, passionali e fedeli sia nell'amore che nelle amicizie. Tuttavia, la loro intensità può portare anche a comportamenti gelosi e possessivi. È importante comprendere queste caratteristiche quando ci si rapporta a uno Scorpione e cercare di bilanciare il loro desiderio di controllo con il bisogno di spazio e libertà. Con l'amore e la comprensione giusti, uno Scorpione può diventare un amico devoto e un partner appassionato.

Capitolo XXXVIII

Il segno zodiacale della Sagittario è noto per essere appassionato e avventuroso, e queste caratteristiche si riflettono anche nei rapporti romantici e di amicizia che instaura.

Nel campo dell'amore, il Sagittario è un segno che ama la libertà e l'indipendenza. Questo non vuol dire che il Sagittario non sia interessato ad avere una relazione seria, ma semplicemente che ama mantenere una certa autonomia nella sua vita. I Sagittario sono spesso attratti da partner che condividono la loro passione per l'avventura e che sono disposti a esplorare il mondo insieme a loro. È importante per un Sagittario avere un partner che sia anche un amico fidato, con cui possa condividere le sue esperienze e le sue emozioni.

I Sagittario sono noti per essere estroversi e socievoli, e questo si riflette anche nelle loro amicizie. Questi individui sono sempre pronti a fare nuove conoscenze e ad allargare la propria cerchia sociale. Sono spesso circondati da un gruppo di amici che condividono i loro stessi interessi e valori. I Sagittario apprezzano amici sinceri e affidabili, che comprendono il loro bisogno di libertà e che sono pronti ad accompagnare il Sagittario in nuove avventure.

Tuttavia, il Sagittario può anche essere imprevedibile e un po' instabile nelle relazioni. A volte possono essere eccessivamente onesti o impulsivi, il che potrebbe sconvolgere o ferire il partner o gli amici. È importante che il Sagittario impari a trovare un equilibrio tra la sua necessità di libertà e la responsabilità verso gli altri. La comunicazione aperta e la comprensione reciproca sono fondamentali per mantenere una relazione solida e duratura con un Sagittario.

Ciò che rende il Sagittario un partner ideale o un amico è la sua natura ottimista e avventurosa. Questo segno è noto per la sua grande energia e il desiderio di scoprire e imparare cose nuove. Sono sempre pronti a sostenere i propri cari e a spronarli a seguire i propri sogni. Sono anche molto schietti e diretti, il che può essere un tratto apprezzato dai loro partner e amici, ma che può anche causare problemi se non si prendono cura delle parole utilizzate.

Il Sagittario è un segno zodiacale appassionato e avventuroso che instaura rapporti amorosi e di amicizia basati sulla libertà e sull'apertura. È importante che il Sagittario impari a trovare un equilibrio tra il suo desiderio di indipendenza e la responsabilità verso gli altri. Con la comunicazione aperta e una comprensione reciproca, i Sagittario possono stabilire relazioni solide e durature basate sull'amore e sull'amicizia.

Capitolo XXXIX

Il segno del Capricorno è noto per la sua natura ambiziosa, pratica e determinata. Queste caratteristiche si riflettono anche nella sfera amorosa e nelle relazioni amichevoli. Gli individui nati sotto il segno del Capricorno tendono ad avere un approccio molto serio e concentrato alla loro vita sociale e romantica.

Per i Capricorno, l'amore è una questione seria e non prendono le relazioni alla leggera. Sono realisti e pratici, e cercano un partner che condivida la loro stessa visione della vita. Non sono inclini a lasciarsi coinvolgere in storie d'amore frettolose o avventure di una notte. Invece, cercano una connessione significativa basata su valori e obiettivi comuni.

La stabilità e la sicurezza sono importanti per i Capricorno, sia nella vita amorosa che nelle amicizie. Sono attratti da individui affidabili e responsabili che dimostrano impegno e dedizione. Non sono inclini ad essere coinvolti in relazioni fragili o instabili.

I Capricorno possono sembrare riservati e persino freddi inizialmente, ma una volta che si aprono, sono dediati e fedeli. Sono disposti a fare compromessi e a lavorare duramente per mantenere una relazione solida e duratura. Tuttavia, possono essere un po' rigidi nelle loro aspettative e talvolta possono avere difficoltà a lasciar andare il controllo.

Poiché sono individualisti per natura, i Capricorno possono preferire una cerchia ristretta di amici di fiducia rispetto a un gran numero di amicizie superficiali. Sono selettivi nella scelta dei loro amici e preferiscono i legami profondi e autentici. Tendono ad evitare persone che sono poco affidabili o che non rispettano i loro ideali.

I Capricorno sono dotati di un senso dell'umorismo secco e sottile, ma a volte possono sembrare un po' distanti o seriosi. Hanno bisogno di amici e partner che siano in grado di apprezzare il loro stile di comunicazione unico. Non sono inclini a partecipare a chiacchiere o gossip, preferendo conversazioni significative e sostanziali.

I Capricorno amano intensamente ma con serietà e impegno. Nelle relazioni romantiche cercano stabilità e sicurezza, e sono disposti a lavorare duramente per mantenere un rapporto solido.

Nell'amicizia preferiscono un circolo ristretto di persone fidate e autentiche. Nonostante possano sembrare freddi o seriosi all'inizio, una volta che si apre, il Capricorno dimostra una grande dedizione e fedeltà ai suoi cari.

Capitolo XL

Il segno dell'Acquario è noto per la sua natura indipendente, avventurosa e attenta alla comunità. Queste caratteristiche influenzano notevolmente il modo in cui gli Acquari affrontano le relazioni romantiche e amicali.

In amore, gli Acquari sono molto aperti e non hanno paura di esplorare nuove possibilità. Sono alla ricerca di una connessione intellettuale profonda, piuttosto che di una relazione superficiale basata solo sull'attrazione fisica. L'Acquario è attratto da coloro che condividono i suoi interessi per la tecnologia, la scienza e l'innovazione. Questa è una delle ragioni per cui gli Acquari tendono ad essere amanti della conoscenza e sono sempre alla ricerca di nuovi modi di apprendere e crescere.

Gli Acquari hanno bisogno di spazio per esprimere la propria individualità e libertà, quindi è importante che il loro partner sia disposto a rispettare la loro indipendenza. Sono inoltre persone molto creative e originali, quindi apprezzano quando il loro partner è in grado di stimolare la loro mente e di condividere idee interessanti e innovative.

Tuttavia, essa potrebbe anche essere una sfida. Gli Acquari possono essere molto distanti emotivamente e possono sembrare freddi o distanti. Spesso cercano rapporti amichevoli e non vogliono essere soffocati dall'intensità delle emozioni romantiche. Amano trascorrere del tempo da soli per nutrire la propria indipendenza e spesso necessitano di amici che comprendano e rispettino questa loro esigenza.

Per quanto riguarda le amicizie, gli Acquari sono conosciuti per essere estroversi e amichevoli. Tendono ad avere un vasto cerchio di amici provenienti da diverse sfere della vita, essendo interessati a incontrare persone di diverse culture e background. Sono amici affidabili e premurosi, pronti a fare quel passo in più per supportare i loro cari. Possono essere grandi consiglieri in quanto sono in grado di vedere le cose da molteplici prospettive.

Tuttavia, a volte possono sembrare distanti o poco emotivi anche nelle amicizie. Gli Acquari sono soliti concentrarsi sull'idea di aiutare l'umanità, piuttosto che sulle dinamiche interpersonali. Di conseguenza, possono sembrare distanti o poco coinvolti in situazioni convenzionali di amicizia.

In conclusione, gli Acquari sono persone uniche e stimolanti, sia nella vita amorosa che nelle amicizie. La loro indipendenza e la loro creatività li rendono interessanti da conoscere e trascorrere del tempo insieme. Tuttavia, è fondamentale capire che gli Acquari hanno bisogno di spazio e di indipendenza, sia nelle relazioni romantiche che nell'ambito delle amicizie. Se si riesce a rispettare questo bisogno, gli Acquari possono essere dei compagni fedeli e originali.

Capitolo XLI

Le persone del segno dei Pesci sono generalmente romantiche, sensibili e empatiche. Sono molto attenti alle emozioni e ai bisogni degli altri, e sono spesso disposti a fare grandi sacrifici per coloro che amano. Sono spesso attratti da partner che mostrano gentilezza, comprensione e che sono in grado di connettersi emotivamente con loro.

Per quanto riguarda l'affinità amorosa, i Pesci tendono ad essere più compatibili con i segni dell'Acquario, dello Scorpione, del Cancro e del Capricorno.

Con un partner dell'Acquario, i Pesci possono trovare un forte collegamento emotivo e una profonda comprensione reciproca. Entrambi i segni sono aperti all'amore incondizionato e alla libertà individuale, il che può favorire una relazione armoniosa e appagante.

Con uno Scorpione, i Pesci possono sperimentare una grande passione e una connessione emotiva intensa. Entrambi i segni sono molto empatici e cercano profondità emotiva nelle relazioni, rendendoli un'accoppiata potenzialmente potente.

Con un partner del Cancro, i Pesci possono trovare sicurezza e stabilità emotiva. Entrambi i segni sono sensibili e comprensivi, e possono creare un ambiente amorevole e protettivo nella relazione.

Infine, con un Capricorno, i Pesci possono trovare un equilibrio tra la loro natura emotiva e il bisogno di stabilità e struttura. Entrambi i segni possono trarre beneficio dall'equilibrio e dalle qualità complementari dell'altro.

In generale, i Pesci sono appassionati e romantici nell'amore, e cercano un partner che possa soddisfare il loro bisogno di connessione emotiva profonda. Tuttavia, è importante ricordare che l'affinità in amore dipende da molteplici fattori, e queste sono solo indicazioni generali basate sul segno zodiacale.

Il simbolo dei pesci ha avuto un significato culturale significativo nella storia occidentale. Nella religione cristiana, il simbolo dei pesci è associato alla figura di San Pietro, uno dei dodici apostoli di Gesù. Secondo la tradizione, San Pietro, un pescatore professionista, avrebbe sostenuto Gesù durante la sua vita e avrebbe ricevuto il mandato di guidare l'Ebraismo. La tradizione cristiana afferma che San Pietro abbia pescato dei pesci per mantenere se stesso e il suo seguito, e che il simbolo dei pesci sia un richiamo alla sua fede in Dio.

Nell'arte e nella letteratura, il simbolo dei pesci è stato utilizzato per rappresentare il concetto di "ricerca della vita" o "vita a pieno". Il simbolo è anche associato al concetto di "continuità", poiché i pesci sono creature che vivono e si riproducono continuamente. Inoltre, il simbolo dei pesci è associato al concetto di "doppiezza" o "dualità", poiché i pesci sono maschili e femminili.

Il simbolo dei pesci ha anche avuto un significato astrologico, con gli astrologi associando caratteristiche e proprietà a questa costellazione. In astrologia, la costellazione dei pesci è associata alla creatività, alla sensualità, alla passione, alla spiritualità, alla percezione intuitiva e alla capacità di adattamento. Queste caratteristiche sono associate alla natività dei nativi nascosti sotto questo segno astrologico.

In sintesi, il simbolo dei pesci è un segno astrologico ricco di significati storici, culturali e astrologici. Le sue origini si possono risalire alla mitologia greca, e il suo uso si estende dalla religione cristiana alla letteratura, all'arte e all'astrologia. Nei tempi moderni, il simbolo dei pesci è ancora utilizzato come un richiamo alla ricerca della vita, alla continuità, alla doppiezza e alla spiritualità.

Capitolo XLII

Il segno lunare, noto anche come segno della Luna nell'oroscopo, riveste un ruolo importante nell'astrologia ed è spesso considerato un'indicazione chiave del nostro mondo emotivo e delle nostre risposte istintive alla vita. Mentre il segno del Sole rappresenta la nostra essenza più autentica e il segno dell'ascendente incarna la nostra personalità esterna, il segno lunare rivela i nostri sentimenti e le nostre emozioni più profonde.

In termini astrologici, la Luna rappresenta i nostri bisogni di base e ciò di cui abbiamo bisogno per sentirsi al sicuro e al sicuro. Influenza le nostre reazioni emotive e riflette la nostra natura istintiva. Essendo la Luna associata ai cicli e alle fluttuazioni, il segno lunare riflette anche i nostri stati d'animo e le nostre reazioni emotive durante i vari momenti della nostra vita.

Il calcolo del segno lunare può essere fatto utilizzando il giorno, il mese e l'anno della nascita. Questa informazione viene utilizzata per determinare la posizione della Luna nel momento della nascita e il segno zodiacale in cui si trova. Ci sono diverse tabelle e calcolatori online disponibili per aiutare a determinare il segno lunare con precisione.

Una volta che si è a conoscenza del proprio segno lunare, si può iniziare a esaminare più da vicino le influenze che ha sul nostro essere emotivo. Ad esempio, se il segno lunare è Ariete, si potrebbe esperire una forte necessità di indipendenza e di avventura emozionale. Al contrario, se il segno lunare è Cancro, si potrebbe avere un forte desiderio di stabilità e appartenenza.

Il segno lunare può anche fornire informazioni sulle nostre risposte emotive in diverse situazioni. Ad esempio, se il segno lunare è in Bilancia, si potrebbe tendere a cercare l'armonia emotiva e a cercare di evitare i conflitti. Se il segno lunare è in Scorpione, si potrebbe sperimentare emozioni intense e un desiderio di approfondire le connessioni emotive con gli altri.

Un altro aspetto importante da considerare è l'aspetto che la Luna forma con gli altri pianeti natali. Ad esempio, se la Luna forma un aspetto armonico con il Sole, potrebbe indicare una maggiore integrazione tra il nostro aspetto emotivo e quello autentico. Al contrario, se la Luna forma un aspetto sfavorevole con Marte, potrebbe indicare una tendenza alla reattività emotiva e all'aggressività.

È importante notare che il segno lunare non è l'unico fattore che influenza le nostre emozioni e il nostro mondo interiore. Ci sono molti altri fattori astrologici da considerare, come ad esempio l'aspetto planetario e la posizione delle case astrologiche. Tuttavia, il segno lunare offre un'indicazione preziosa di come le nostre emozioni e il nostro mondo interiore possono manifestarsi.

Il segno lunare nell'oroscopo rappresenta una parte importante di noi stessi e influenza le nostre emozioni, i nostri bisogni e le nostre risposte istintive. Il calcolo del segno lunare può essere fatto utilizzando il giorno, il mese e l'anno della nascita ed è possibile trovare varie risorse online per facilitare il processo.

Esplorando il proprio segno lunare, si può acquisire una maggiore consapevolezza di sé e una comprensione più approfondita dei propri bisogni emotivi.

Capitolo XLIII

Il segno solare è uno degli aspetti più noti e popolari dell'oroscopo. È determinato dalla posizione del Sole nel momento della nascita di una persona e rappresenta il segno zodiacale sotto il quale si trova il Sole in quel preciso istante.

Il Sole è considerato il pianeta più importante nell'astrologia, poiché simboleggia la nostra essenza interiore, la nostra personalità e le nostre aspirazioni più profonde. Determina il nostro carattere fondamentale e influenza la nostra vitalità e la nostra energia. Pertanto, conoscere il segno solare può essere molto significativo per comprendere meglio noi stessi e le nostre peculiarità.

Per calcolare il segno solare, è importante conoscere la data di nascita e la posizione del Sole in quel momento. Il Sole attraversa tutti e dodici i segni zodiacali durante l'anno, trascorrendo circa un mese in ciascuno di essi. Questo determina il nostro segno solare, che è un indicatore del nostro io più autentico e del nostro comportamento di base.

Ad esempio, se una persona è nata il 22 settembre, il Sole si troverà nel segno della Vergine, poiché questo segno si estende dal 23 agosto al 22 settembre. Pertanto, la persona avrà il segno solare della Vergine. Tuttavia, è fondamentale considerare altri fattori astrologici, come l'ascendente e la posizione degli altri pianeti nel momento della nascita, per ottenere una visione più completa e dettagliata.

Ogni segno zodiacale ha caratteristiche e qualità specifiche attribuite ad esso. Ad esempio, i nativi del segno solare Ariete sono noti per essere coraggiosi, determinati e intraprendenti, mentre quelli del segno solare Cancro sono più sensibili, intuitivi e protettivi. Queste descrizioni generali possono fornire alcune indicazioni sulle nostre inclinazioni e tendenze innate, ma è importante considerarle come linee guida piuttosto che come regole fisse.

È anche interessante notare che, oltre al segno solare, il segno dell'ascendente ha un'influenza significativa sulla personalità di una persona. L'ascendente è il segno che si alza sull'orizzonte nel momento della nascita ed è correlato alla nostra presentazione esteriore e alla prima impressione che diamo agli altri. Pertanto, il segno dell'ascendente aggiunge ulteriori sfumature alla nostra personalità complessiva.

Per calcolare l'ascendente, è necessario conoscere l'ora esatta della nascita, oltre alla data e al luogo. È possibile utilizzare appositi programmi o consultare un astrologo esperto per ottenere il risultato corretto.

Inoltre, è importante considerare anche la posizione degli altri pianeti nel momento della nascita, poiché influenzano gli aspetti specifici della nostra personalità. Ad esempio, la posizione di Venere può rivelare il nostro stile di amore e affetto, mentre quella di Marte può influenzare il nostro livello di energia e il modo in cui agiamo.

Il segno solare nell'oroscopo rappresenta un aspetto importante della nostra personalità e influenza in modo significativo le nostre caratteristiche fondamentali. È possibile calcolarlo conoscendo la data di nascita e la posizione del Sole in quel momento, anche se è sempre consigliabile considerare anche altri fattori astrologici, come l'ascendente e la posizione degli altri pianeti. Questa conoscenza può aiutarci a comprendere meglio noi stessi e a sviluppare una maggiore consapevolezza di noi stessi e degli altri.

Indice

I Segni Zodiacali

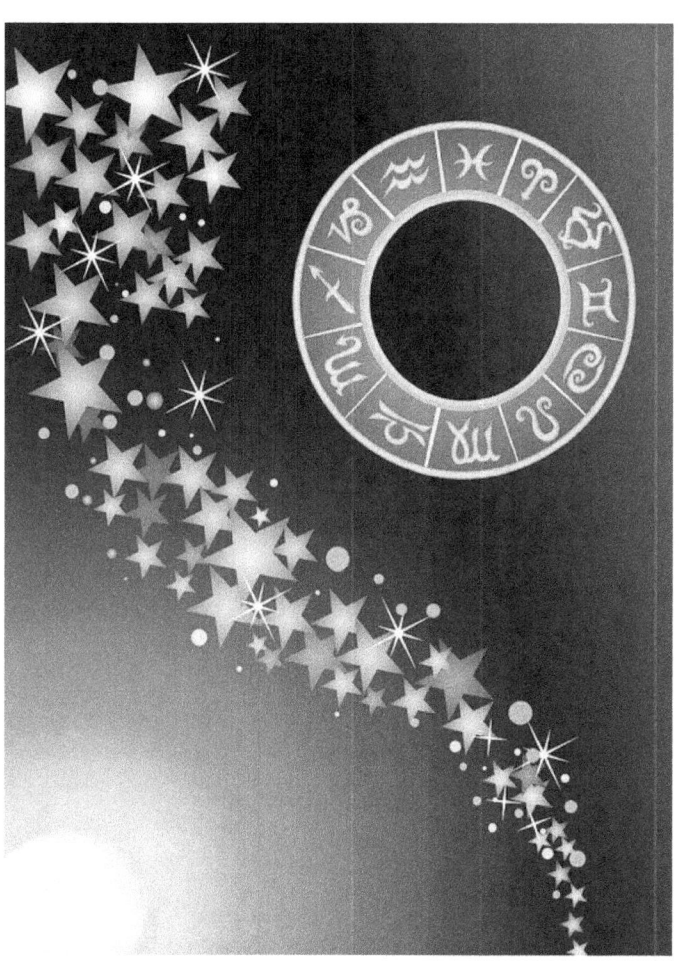

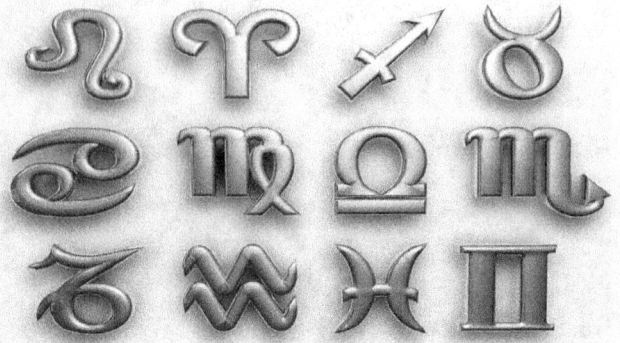